QIYE CHENGZHANGLI SHUJIA
企业成长力书架

98%的店长面临的最核心问题——

给你个门店，怎么管才赚钱？

吴东\著

中国财政经济出版社

图书在版编目（CIP）数据

给你个门店，怎么管才赚钱？/ 吴东著．—北京：中国财政经济出版社，2016.1

（企业成长力书架）

ISBN 978－7－5095－6463－9

Ⅰ．①给…　Ⅱ．①吴…　Ⅲ．①商店－商业管理　Ⅳ．①F717

中国版本图书馆 CIP 数据核字（2015）第 261696 号

责任编辑：周水琴　　　　责任校对：徐艳丽

责任印制：刘春年　　　　版式设计：丁丁图文

中国财政经济出版社出版

URL：http：//www.cfeph.cn

E－mail：cfeph@cfeph.cn

社址：北京市海淀区阜成路甲 28 号　邮政编码：100142

营销中心电话：010－88190406　北京财经书店电话：010－64033436

北京中兴印刷有限公司印刷　各地新华书店经销

787×1092 毫米　16 开　14.5 印张　168 000 字

2016 年 1 月第 1 版　2016 年 1 月北京第 1 次印刷

定价：42.00 元

ISBN 978－7－5095－6463－9/F·5206

（图书出现印装问题，本社负责调换）

本社质量投诉电话：010－88190744

反盗版举报热线：88190492　88190446

QIYECHENGZHANGLISHUJIA

企业成长力书架

PREFACE

前言

作为终端门店，面对竞争越来越激烈的市场和环境越来越复杂的区域商圈，门店的经营压力从来没有像今天这样沉重。终端门店未来的出路在哪里？要想让门店有更好的发展，拥有更加宽广的平台，我们究竟还能够做什么呢？

我带着这样的担忧，开始写这本书。在写作的过程中，我发现，实际上终端门店的出路有很多，只要门店能够相信自己的实力和能力，能够顺应市场的发展，满足顾客的购物需求，门店的发展和壮大是指日可待的。想要经营门店的人，或者正在经营门店的人，只要能够耐心地看完这本书，都能够从中获得一定的启发。

虽然我希望每一家门店都能够成为最赚钱的门店，但是无论是市场的竞争，还是门店本身的局限性，都决定了有些门店必然会被残酷的市场所淘汰。那么你的门店将何去何从呢？或许这本书会给你一个答案，或许会改变你经营门店的思维模式，让你的门店起死回生。

本书首先深入解析了当前门店所面临的“五大困惑”：经营之惑、管理之惑、营销之惑、竞争之惑、客源之惑，引导读者直面门店当前生存的恶劣环境，进而有针对性地从“门店商圈分析、门店经营管理、门店陈列管理、门店销售管理、门店人员管理、门店日常管理”六个方面，以实战落地的方式解读“如何做一家赚钱的门店”这一主题。

想开店，却不知道在哪儿开、卖什么？

店开起来了，老板忙翻天，员工没事干？

货卖了不少，结果不赚钱，白忙活？

进店的人挺多，下单的没几个？

导购如何招，如何管？服务怎么做才能超越顾客预期？

员工每天看起来很忙，有些细节总做不好，怎么办？

门店工作烦琐，该怎么检查和评估员工的工作？

如果你也存在以上问题，请打开本书。它将帮你解决这一切！

在写作这本书的过程中，我非常注意结合当前市场的现状以及门店所处的大环境，尽量不写艰涩难懂的理论，只讲述最实用的策略和方法，这就是我看重这本书的真正原因——实用性。

现在，这本书已经与你见面了，我非常高兴能够通过这本书与你进行交流、沟通。这本书是我多年的研究成果，也是我的心血，因此我非常看重它，希望你能够喜欢它，并从中获益。

在本书的写作过程中，我要感谢很多人，我要感谢一直支持我的家人和我的同事们。同时，我还要特别感谢为这本书付出辛苦劳动的编辑们以及出版社的领导。因为有了你们认真、负责的工作，这本书才能够顺利地与读者见面，非常感谢！

最后，我还想说几句，如果你现在正经营着一家门店，那么你一定会明白，要想成为最赚钱的门店，不仅要强化门店的硬件和软件配置，更要加强自己的自信心，要加深对市场和顾客的了解。我相信，你一定会成为最好的门店管理者，并且成就最赚钱的门店。

CONTENTS

目录

Chapter 1 路在何方：终端门店的 5 大困惑

Chapter 2 门店商圈分析：准确定位，开发优势

Chapter 3 门店经营管理：不仅仅是销售

Chapter 5 门店销售管理：刷新理念，销售标准化

Chapter 6 门店人员管理：员工和客户，两手都要抓

Chapter 7 门店日常管理：目的明确，工作细化

Chapter 1

路在何方：

终端门店的 5 大困惑

如今，市场竞争越来越激烈，变化也越来越多，经营、管理、营销、客源等方面的变化，也给终端门店带来了很大的困惑，那么终端门店未来的路在何方呢?

市场中的一切都在变化，终端门店必须要经得起这样的变化，不能够用一成不变的模式，去应对市场的变化，而必须随着市场的变化，不断地调整自己，从而更好地适应市场。

1. 经营之惑：品牌这么多，如何识别、选择优秀品牌

当今社会是一个商品社会，更是一个品牌社会，无论从质量上还是数量上，如今市场中的品牌都是以前的市场所不能够比拟的。因此，当你面对如此繁杂而参差不齐的品牌时，你一定非常的困惑，不知道应该如何识别、选择品牌。

选择优秀品牌是门店迈向成功的第一步，如果品牌选择不恰当，则会影响门店的销售业绩。可是这么多的品牌，人人都说自己的品牌好，究竟如何才能够选到优秀的品牌呢？

（1）对品牌管理公司进行深入了解。首先，不要仅凭资料或者网络了解品牌管理公司，还要对品牌管理公司进行实地考察。不仅要了解品牌管理公司的历史、企业文化，更要了解企业是否有过诉讼案，诉讼的理由是什么？输赢都是什么原因？

其次，不要轻信任何的许诺，无论给你承诺的人是什么职务。因为任何人都无法代表企业，所有的利益和责任都必须形成文字，并且在正式的合同中加以确定。

最后，当你对品牌管理公司有了深入的了解之后，你就会对企业形成客观的印象，这对于你识别和选择品牌是非常有好处的。

（2）了解品牌管理公司五年内的计划和动向。在了解品牌管理公司五年内的计划和动向的同时，你也必须要做出门店的“五年计划”，确定门店与企业之间的计划和目标是否一致，如果两者是一致的，那么门店与其的合作则会十分融洽。

如果门店和企业的计划和目标是不一致的，那么你就必须做出决定，是否要调整门店的“五年计划”，或者取消与品牌管理公司的合作。

简单地说，品牌管理公司和门店之间必须协同一致，否则不仅会影响门店的经营，还会影响门店的业绩。

（3）对品牌的标准进行细化分析。对品牌的市场分析是不能够省略的，一方面要确定品牌在市场中的发展前景如何，另一方面更要确定品牌的特质是什么。简单地说，就是品牌的商品凭什么让你的门店赚钱。

从根本上来说，每一个品牌在市场中都会有同类型的商品存在，那么你所选择的品牌优势是什么？劣势又是什么？为什么能够让你赚钱？又为什么能够让你赔钱？这些问题，如果你都无法回答，那么你在经营门店时一定会遇到更多的困惑。

我们之所以面对众多的品牌而无从选择，是因为我们对于品牌本身的不了解。换句话说，门店之所以会有经营之惑，正是因为我们不能够确定所选择的品牌是否可以赚钱。患得患失的时候，我们也就容易陷入困惑之中。

品牌对于门店的重要性是不言而喻的，虽然门店的经营不仅仅只依靠品牌，但是经营优秀的品牌可以使门店更快地步入正轨，并且用最短的时间建立起市场的信誉度。

2. 管理之惑：优秀员工为何留不住？如何杜绝人员频繁流动

门店员工对于门店具有举足轻重的作用，员工的素质和能力直接影响了门店经营的好坏。如果门店无法留住优秀员工，那么门店的经营和管理就会产生很多障碍，甚至会直接影响门店的利润。

困扰门店管理者的因素有很多，其中无法留住优秀员工是最为重要的困惑之一，因为优秀员工的流失不仅使得门店无法开展新的营销方案，而且会给新来的员工带来一定程度的不良反应和压力。

试想一下，如果门店员工始终处于频繁的流动之中，那么门店的各项规章制度、营销理念和措施，都将无法正常地推行、发展和巩固。

在门店管理方面，留住优秀员工和杜绝人员频繁流动必须双管齐下，原本这两个问题也是互相影响、互相制约的。门店只要找到人员管理中的漏洞，这两个问题就能够迎刃而解。

（1）**进行定期的人员调查，了解员工的最新动向**。门店的人员管理不能够只依靠薪酬待遇，有些管理者认为，只要福利和薪酬好就可以留住员工的心。但是很多待遇好、薪酬高的门店同样留不住优秀员工，究其根本，就是管理者无法与员工处于同一个沟通频道上，不知道员工需要什么，或者员工在想些什么。

因此，门店管理者需要定期做一些人员调查，了解员工的最新动向。这样的人员调查可以帮助管理者了解员工的同时，也能够构建一个良好的沟通平台，使得管理者和员工能够更加顺畅地沟通、互动，增进彼此的了解。

（2）**如果员工辞职，尽量不要让单一事件发生连锁反应**。一旦员工辞职已成定局，那么管理者应该要公开员工辞职的原因，让其他员工不受到影响。简单地说，管理者越是隐瞒，越是会招来其他员工更多的猜忌，给门店管理带来不安定因素。

人员管理的透明度可以杜绝让单一事件发展为连锁事件，无论任何员工都可以明明白白地入职，也可以明明白白地辞职。

（3）**健全规章制度，并且严格执行规章制度**。有些门店虽然有非常健全的规章制度，但是在执行的过程中，会产生人情执行，或者面子执行，从而直接导致了规章制度形同虚设的现象发生。这也是门店管理中优秀员工流失严重，人员流动频繁的重要因素之一。

因此，只有严格执行门店的规章制度，才能够让优秀员工获得更多的发展机会，也能够增加员工对门店的信心。

管理人员与管理其他事物是不同的，尤其对于门店来说，优秀员工不仅能够起到榜样的作用，而且人员的稳定也能够促进门店的发展以及利润的增长。因此门店不仅要从物质上给予优秀员工优惠政策，而且也要与优秀员工进行深层次的互动。

感情留人才是长久之计，留住优秀员工的同时，也能够凝聚人心，促使门店的其他人员也进一步地稳定下来。

3. 营销之惑：“不促不销”的怪圈如何破

门店最为忙碌的时候往往是做促销的时候，但是近几年，终端门店似乎陷入了“不促不销”的怪圈中。虽然促销能够为门店带来一定的人气，但是无法提高门店的销售利润，而如果不促销，那么门店的利润就更加无法保证了。

终端门店就陷入“促销不赚钱，不促销更不赚钱”的怪圈中。

对于门店的营销来说，促销必须要有非常明确的目标，也要有适当的促销方式，并且在促销时机上也必须把握准确。门店营销之所以会陷入“小促小销，大促大销，不促不销”的怪圈，正是因为门店在追求利润的时候，忽略了营销的战略战术。

要想突破“不促不销”的怪圈，那么门店就必须在营销的过程中，注意以下几个重要的参考指数：

（1）营销的目的一定要明确，而且要传达到每一个员工。营销最忌讳盲目，一见利润下降，就马上心慌起来，于是想方设法做营销、搞促销。这样的促销不仅不能够帮助门店提升销售利润，反而会让门店的营销陷入僵局。

门店营销的目的不宜太过概念化，要想让每一个门店员工都理解营销的目的，就必须要细化目的，使得营销目的变得通俗易懂，如此才能够让员工更好地完成营销工作。

（2）营销的时机必须把握准确，注意不要错过时机。营销必须讲究时机，营销的时机直接决定了营销的成败。但是不要相信所谓的完美时机，假设营销的条件有 10 个，那么时机符合一半或者一半以上的条件，你就要毫不犹豫地行动了。

直观地说，营销的时机就如同一辆计时的班车，如果你错过了，就必须耐心地等待下一辆。因此，对于营销时机的把握，也是破解“不促不销”怪圈的重要因素之一。

（3）营销的方式一定要适合，最好的办法就是“量体裁衣”。终端门店的情况各有不同，别人的成功营销方式并不一定适合你，因此在选择营销方式的时候，一定要做到“量体裁衣”，不要过多地受到其他因素的干扰，因为你才是最了解门店现状的人。

营销的方式不要太复杂，也不要太花哨，有效的营销是简单、明了的，能够使每一个进入门店的客户都能够快速融入营销的氛围中。

简单地说，营销必须找到符合门店自身的目的、时机、方式，如此一来，门店的营销才能够真正打破“不促不销”的怪圈，使得促销成为门店营销最有效的途径，而不是门店的无可奈何之举。

“不促不销”的怪圈主要是门店的营销计划不够完善，对于每一个具体的步骤和实施方法，都没有做到细化执行。营销必须在了解自身以及市场的基础上，准确地掌握营销的目的、时机、方法，并确定营销的口号，进而一步一步地将营销计划执行到位。

如此一来，门店的营销就会成为获取利润的武器，而不会再出现“不促不销”的怪现象。门店往往通过各种营销手段达到提高利润的目的，而营销的成功不可能依赖单一因素，因此门店营销必须综合所有的优势因素。

4. 竞争之惑：如何成为区域商圈里的“第一”并保持优势地位

终端门店的竞争从来没有如此激烈过，由于市场对于门店的要求越来越高，而客户的选择也越来越多，因此终端门店如果想要在区域商圈里做“第一”，并保持优势地位，那么难度是不言而喻的。

要想成为区域商圈中的“第一”，就必须要具备非常强大的竞争实力，而竞争实力不是一成不变的，门店必须要根据市场的要求，不断做出调整和更新。直观地说，市场是检验门店的唯一标准。

（1）确立在区域商圈中的位置。门店在区域商圈中有属于自己的位置，就像一个人在职场中必须有自己的职位。门店必须要先确立在区域商圈中的正确位置，才能够对自身有更加准确的评估。

区域商圈中位置的确立并不是裹足不前的理由，门店在正确认识自身之后，才能够真正地发挥优势，从而不断地提高自身在区域商圈中的排名。

（2）及时更新门店的资源和信息。终端门店应该走在信息和资源的最前沿，只有这样，门店才能够满足各种客户的不同需求，也能够在区域商圈中始终处于有利的位置。

在信息时代社会，谁能够最先掌握最新的资讯，谁就能够赢得更多的客户和利润，也就可以在区域商圈中赢得“第一”的荣誉。

（3）保证门店优势地位的因素。门店优势地位的保持需要很多条件，比如：店面的位置、门店的人员配置、营销的方式方法以及门店所经销的商品等。这些门店都必须要努力维持最先进的水平。

门店优势地位的保持面临着两个方面的挑战，一方面是区域商圈中其他门店的挑战，因为竞争从来都是残酷的，对于终端门店更是如此；另一方面是门店内部的挑战，留住门店所需要的优秀人才，建立并执行门店的各项规章制度，将门店打造成客户喜欢、市场欢迎的优质门店。

（4）及时解决门店经营中产生的问题。门店的竞争就是解决问题的竞赛，同类型的门店非常容易遇到相同的难题，而哪一家门店先解决问题，哪一家门店就会在竞争中脱颖而出。

简单地说，门店经营中遇到的问题绝对不是单一的，也不是绝对的，因此门店管理者不能够回避问题，及时地解决问题才能够使门店的经营更顺畅。

竞争是不可避免的，尤其是在区域商圈中，每一家门店都会拥有属于自己的优势，你的门店要想在激烈的竞争中赢得“第一”，就必须集中自身的优势，并不断发展自己的优势。此外，你还要清醒地看到门店所存在的问题，并不断改进。

门店的优势需要不断巩固，而问题也需要彻底解决，如此一来，门店才能够在竞争中获得真正的发展机遇。竞争不应该成为终端门店的困惑，而应该成为终端门店不断向前的动力。面对区域商圈中的竞争，门店要在完善自身的基础上，积极地参与竞争，同时也要在竞争中壮大自身的实力。

5. 客源之惑：客流分流，如何聚集人气，开发客源

客源是终端门店最大的问题，没有客源就等于没有生意，门店利润就会缩水，经营也会变得举步维艰。区域商圈中同类型的门店一定会有许多家，客流很容易被分流。因此，门店的主要任务就是要吸引更多的人流，要懂得开发属于门店的客源。

开发客源需要门店对潜在客户群有非常清醒的认识，门店不仅要根据自身的特点和优势，锁定潜在客户群，而且更需要对现有的客户群进行巩固。有些门店的客源非常脆弱，客户几乎只购买打折商品，新上市的无折扣商品却无人问津。

究其根本，客源的脆弱以及分流都是因为门店没有能够调动客户的热情，没有让客户爱上门店。要想稳定并巩固门店的客源，门店需要做到以下几点：

（1）**做好售前、售中、售后服务**。一般情况下，售中和售后服务门店

都会非常用心，但是有些门店的售前服务显得很薄弱。比如：几位女士逛街，进入一家服装店，服务员却站在那里无动于衷，顾客见服务员态度冷淡，也就不会在这家服装店里过多地停留，更不说购买商品了。

如果情况相反，顾客踏入门店的那一刻起，服务员就非常专业而热情地表示，愿意随时为顾客提供服务，那么顾客即使进入门店前没有购买意向，也不会立刻就离开门店。如此一来，门店员工才有机会为顾客推荐商品。

（2）**及时了解客户需求，及时更新商品**。虽然商圈内的客流量很大，但是为什么顾客都不进你的门店呢？基本原因有两个：第一个原因是门店里的商品没有及时更新，顾客上一次来和这一次来所看到的商品都是一样的；第二个原因是顾客对门店的商品没有需求，简单地说，门店的商品不是顾客想要的。

因此门店要想吸引住顾客，一定要知道他的需求，并让门店时刻保持新鲜感，及时地更新商品。

（3）**要有特色**。门店对自身的客源要有非常准确的定位以及清醒的认识。直观地说，没有特色的门店是无法留住客源的。

对于客源问题，门店不要好高骛远，首要任务是抓牢现有客源，之后再去开发新的客源。因为现有客源的稳固，是门店得以继续经营的保障。如果门店没有稳固的客源，那么开发新客源时就会表现出急功近利的情况，这样开发出的新客源也会非常脆弱。

相反，如果门店有非常稳固的客源，那么就可以从容地、有计划地开发新客源，这样开发出的新客源才能够为门店带来效益。简单地说，客源的巩固与开发要相互结合，千万不要太贪心。

终端门店客源越来越分散，门店不仅要认清现实，更要积极地应对，用门店的特色吸引更多客流。

Chapter 2

门店商圈分析：

准确定位，开发优势

终端门店处于各种各样的商圈之中，不同的门店适应不同的商圈。商圈不仅是门店生存的条件，更是其发展的沃土。因此，终端门店必须要对商圈有全面的了解和认知，并能够预估商圈的前景。

一旦终端门店处于非常不合适的商圈里，那么门店就会失去发展优势。因此门店必须在合适的商圈里发展。门店不仅要在合适的商圈里求生存，还要不断开发商圈的优势，从而提升自己门店的利润。

1. 知己：我的位置在哪里

门店商圈调查与分析

门店商圈对于门店利润的影响是决定性的，门店商圈的大小和特征，直接决定着潜在客户群的数量。如果门店选择了与自己所要销售的商品类型不相适宜的商圈开展经营活动，那么日后的营销工作必然不会顺畅。

选择门店商圈类似于我们常说的店面选址，比如，一家考试书店或是文具店会选择在学校附近开店，而一家超市或是小吃店则会优先选择在居民区附近开店。商家总会追随着目标客户的脚步去选择自己的店面地址，相同或相关联的行业门店就会在一个地区越开越多，随着规模的不断扩大就形成了一个商圈。

当然，商圈的形成不止这一种因素，便利的交通、高密度的居住区，也是形成商圈的直接因素。无论哪一座城市，在市中心一般都会形成一个巨大的商圈，因为这里是交通中枢，人流量巨大。

商圈在形成之后，会产生一种辐射力量，吸引一定范围内的消费者主动前往。商圈的这种辐射力量，对于每个商圈内的商家都有着重大的意义。

门店商圈的调查分析包含许多方面的内容，对我们选择门店有重要参考意义的主要有以下几点：

（1）**商圈的辐射范围**。商圈的辐射范围是指商圈的影响范围，具体能够吸引到多远距离的消费者前来。商圈的辐射范围越大，市场潜力也就越大。交通便利程度是影响商圈辐射范围的最主要因素，商圈的道路状况、有多少公交线路和地铁线路通过，直接决定着商圈外部的消费者是否愿意前往。如果某商圈道路拥堵，直达车辆又少，那么距离较远的消费者自然不太愿意前往。

（2）**商圈内部的基础设施**。商圈内部的基础设施影响着消费者的购物体验，基础设施越是完善，消费者的购物心情就会越好，逗留时间也会有所增加。比如，商圈内一个重要的基础设施就是停车场，如果一个商圈内停车场过少，停车不方便，就会有许多人不愿前往，而且紧张的停车位也会对商圈内的通行造成阻碍。

（3）**商圈附近常住人口数量**。商圈周边的常住人口数量直接决定着商圈内的人流量大小，人流量对于实体门店的经营就像血液一样宝贵。对常住人口数量进行调查，可以从较大的小区入手，了解周围小区的具体数量，每个小区的入住人数，等等。我们不是做人口调查，不必那么细致，只要了解大致的人口规模即可。

（4）**商圈内部的主要行业类型**。一般，相同和相关联的行业都容易产生聚集，在一个固定的区域内统一开店从而发挥出规模效应，比如常见的电器街、建材城等。所以，考察商圈内部商家所从事行业是否具备一定规模是很重要的。如果某个商圈内只有你一家孤零零的灯饰店，而在其他商圈有个大规模的灯饰城，那么又有多少人会特意来光顾你的店呢？

（5）**商圈的租金水平**。开店自然要考虑成本因素，而店面的租金通常是商家最主要的支出。不同的商圈，店面的租金水平自然各不相同。一般，市中心的商圈，临近医院、学校等重要设施的商圈，租金都比较高，而偏僻一些的商圈租金会比较低。了解商圈的具体租金水平对于商家的成本规划是十分重要的。

（6）**商圈的发展前景**。对于商圈的考察，不仅要关注现状，还要前瞻性地评估商圈的未来价值。比如，我们可以通过各种渠道了解市政府对商圈所在地区的建设规划、道路改善计划、环境美化工程，等等，这些都可以使商圈在未来“升值”。

工具1：门店商圈调查表

	A类商圈	B类商圈	C类商圈	D类商圈
商圈名称	东门商圈，华强北商圈，人民南商圈，福田中心区商圈，南山商圈	华侨城商圈，宝安商圈，龙岗商圈，龙华商圈，布吉商圈及关内其他商圈	福永商圈，沙井商圈，松岗商圈，公明商圈，石岩商圈，观澜商圈，平湖商圈，横岗商圈，坪地商圈，坑梓商圈，坪山商圈	光明商圈，葵涌商圈，大鹏商圈，南澳商圈

续表

	A类商圈	B类商圈	C类商圈	D类商圈
商圈特征	关内最早形成的几个商圈，这里众多大型零售门店聚集，客流量巨大，常住人口及流动人口较多，消费层次较高，业态较多元化，有复合度较高的大型购物中心等业态出现	包括关内发展较晚的部分片区，宝安和龙岗两地另加关外目前发展较快的龙华，布吉两地，其共同点是商业氛围较浓，大型零售门店聚集，当地已形成相当的人口规模	主要为关外经济较发达，人口较多的街道办，其辖区规划较好，已形成一定城市规模，商业聚集区开始出现，中高档零售企业进住，片区有众多新楼盘出现，形成固定中等消费群体	主要为关外规模较小，经济相对不是很发达的街道办，这些地方工厂较少或以高科技、旅游等为主业，城镇建设较落后，商业规模没有形成

注：深圳市商圈的调查分析。表格来源于百度文库（http://wenku.baidu.com/view/6543081afad6195f312ba6b9.html）。

门店商圈的划分与分类

根据不同门店商圈所具备的不同特点，可以将商圈划分为不同的类型，认识和了解这些商圈类型特点，对于商家进行商圈选择至关重要。

一个城市的商圈类型主要有：

（1）**住宅区商圈**。住宅区商圈就是依附居民聚居地或是一些大型社区而形成的商圈，一般住户数量要在1000户以上。该商圈的主要消费群体为附近的居民，消费群体较为稳定，在消费时主要追求便利性和亲切感，主要购买贴近日常生活的产品。所以，经营日常百货、小吃、瓜果蔬菜等店适合选择住宅区商圈。

（2）**商业区商圈**。商业区商圈就是商场、零售店、专卖店集中的地区，比如市中心、步行街等就容易形成商业区商圈。该商圈的特点是辐射范围大、流动人口多、繁华热闹，一般站在城市时尚流行的前沿。在该商圈购物的消费者一般追求快速、潮流、娱乐、特色等。所以，经营时装、知名品牌快餐、电子商品等店适合选择商业区商圈。

（3）**文教区商圈**。文教区商圈是依附学校或教育培训机构形成的商圈，商圈内部至少有一所或一所以上的学校或专业性的培训机构。该商圈的消费群体以学生为主，消费能力有限但冲动消费较多，或是购买和学习息息相关的教材、工具等。所以，经营甜品、果汁奶茶饮品、书本文具等店适合选择文教区商圈。

（4）**金融区商圈**。金融区商圈一般在大城市中形成，主要依附银行、证券公司等金融行业而形成。该商圈的目标消费群体是从事金融行业的人员，该行业内的人员收入高、档次高，一般属于城市“金领”。所以，经营高档产品、奢侈品、有档次的餐厅等店适合选择金融区商圈。

（5）**办公区商圈**。办公区商圈是指办公大楼林立的地区，比如一个城市中写字楼集中的地区，或者是政府机构所在地等。该商圈面向的主要是城市“白领”，他们收入较高，不过他们在商圈内的消费主要以就餐及工作常用品为主。所以，经营一些较为宽敞整洁的餐馆，尤其是能够提供外卖服务的餐馆，适合选择办公区商圈。

（6）**工业区商圈**。工业区商圈是在城市较为边远的工业园区附近形成的商圈，该商圈的主要消费群体一般为打工一族以及工厂的工人，属于城市“蓝领”。他们的消费水平不高，但消费总量很大，消费时不追求档次但追求实用。所以，经营一些实惠的餐馆、生活用品专营店等适合选择工业区商圈。

（7）**综合性商圈**。综合性商圈内部包含多种元素，像是住商混合、住教混合等。比如一些建在大型商场上方的公寓、自带学校的小区等，以此形成的商圈就是综合性商圈。该商圈的成分较为复杂，商家应当首先分析商圈内部包含哪些元素，然后再分别根据其特点考察分析商圈的具体商业价值。

顾客地图分析

许多商家选择门店位置就像是赶集市凑热闹，看到哪里同行多而且行情不错就在附近开个店试图分一杯羹，这种做法是很不理性的。每个商家都希望能够最大限度地接触到目标客户，但如果所有的同类行业和同类产品都高密度地聚集在了一个商圈，甚至是一个商圈的一块区域中，那么就会加剧竞争，或是错过一些有意向的消费者。

同类行业的聚集确实容易产生规模效应，扩大知名度，但是如果不加节制，不加选择，就容易产生反效果。尤其对于一些消费周期较长、不容易产生重复消费的行业更是如此。比如，某品牌的汽车4S店如果全部聚集在一个小区周围，市场很容易饱和，人们购买一辆车后至少在数年内不会再次购买，而一些距离较远的消费者看车、买车都会很不方便，自然会在一定程度上影响他们的购买决策。

所以，如果商家能够发掘出空白市场，成为该市场的第一批开拓者，自然能够给消费者留下深刻的印象，从而获取强大的竞争优势。这就需要商家做好顾客地图分析，标注好市场中的“冷热地带”。

通过顾客地图分析找出空白市场主要分为两个方向，一个是寻找竞争对手较少的区域，主动接触消费者；另一个是寻找当地市场没有或较少的商品类别，发掘新的消费热点。

寻找竞争对手较少的区域不是为了避免竞争就盲目地选择其他商圈

或地点，而是要按照市场调研和科学分析的原则，寻找适合自己门店经营的商圈，然后再在适合的商圈中选择还没有完全开发出来的市场进行门店进驻。对于一些较大的商圈，也可以划分为不同的区域，依次做出评估。因为消费者不一定会将整个商圈都逛一遍，如果某种商品都集中在一条街上或一个商场中，那么没有从旁经过的消费者就不会产生消费。

寻找当地市场没有或较少的商品类别，就是进行经营方向上的创新。当然，在一个大城市中，一般很少有他人完全没有涉足的领域。所以，商家在进行选择时，不应只将目光放在大行业上，而应该细化到行业内的具体商品上。例如，经营智能手机，商家不能只看到卖手机的同行很多就觉着没有好前景，而是要仔细调查分析，看看具体有哪种品牌、哪种型号的手机目前还鲜有人销售，以此为出发点选择具体的商品，同样能够开发出新的客户群体。

顾客地图分析是以客户数据为基础而进行的当地市场的行业分析和竞争者分析，是一种找出空白市场、开发空白市场的有效调研方式。所有商家在选择门店、选择经营商品之前，都应该先细心做好顾客地图分析，而不是一窝蜂地跟着竞争对手的脚步走。

工具2：竞争对手调查表

	门店名称	单层面积及楼层分布	业态	客流量	百货定位	鞋类品牌	备注
①	茂业百货东门店	鞋区负一楼，运动在七楼	百货	很好（√） 一般（ ） 较差（ ） 其他：	中高档	百丽，思加图，天美意，TATA，BATA，金利来，暇步士，老人头，达芙妮，接吻猫，星期六，美丽宝，真美诗，妙丽等	位于东门入口处，客流量巨大，在消费者心目中有很高知名度，所以销售较好，商品品类较齐全
②	太阳百货	共6层，鞋区一楼	百货	很好（√） 一般（ ） 较差（ ） 其他：	中高档	百丽，思加图，天美意，TATA，BATA，星期六，奥卡索，哈森，富贵鸟，密丝罗妮等	位于步行街中间，客流量非常大，鞋类零售额在东门商圈排第一
③	天虹商场东门店	鞋区一楼，运动在五楼	百货+超市	很好（ ） 一般（√） 较差（ ） 其他：	中高档	百丽，思加图，天美意，TATA，星期六，哈森，KISSCAT，达芙妮等	与步行街相邻，但客流量明显下降
④	白马运动	单层	专卖店	很好（√） 一般（ ） 较差（ ） 其他：	高档	阿迪，NIKE	位于老街中间，××年2月份开业。店员反映空调效果不好，太热，顾客无法试衣，另外货源问题紧张
⑤	东门鞋城	三层，一楼为个体店铺，二三楼为卖场	鞋业超市	很好（√） 一般（ ） 较差（ ） 其他：	中低档	老人头，红蜻蜓，乔丹，德尔惠，喜德龙	专业鞋类商城，以中低档为主，客流量尚可。二楼以皮鞋为主，三楼运动休闲为主

续表

门店名称		单层面积及楼层分布	业态	客流量	百货定位	鞋类品牌	备注
⑥	茂业和平店	五层，鞋区一楼	百货	很好（ ） 一般（√） 较差（ ） 其他：		百丽，思加图	大门出口处地铁正在建设当中，因此交通不便，客流较少

注：深圳商圈及鞋类零售终端调查报告。表格来源于百度文库（http://wenku.baidu.com/view/6543081afad6195f312ba6b9.html）。

2. 知彼：顾客究竟要什么

80、90 后消费意识的改变

随着时代的变迁，80、90 后的消费意识和观念发生了非常大的改变，他们习惯“奢侈消费”和“超前消费”，他们的消费意识不再是“吃不穷，穿不穷，算计不到要受穷”，而是“辛苦地工作，就是为了奢侈地享受”。

门店必须针对 80、90 后消费群体的消费特点，做出一定程度的迎合和改变。实际上，80、90 后是崇尚个性消费的群体，因此门店在迎合他们的同时，也必须要注意保持自身的特色。简单地说，门店既要懂得迎合，也必须要保持特色，这样才能够吸引 80、90 后的消费者。

80、90 后消费意识的改变，直接影响他们消费水平和消费方式的改变，普遍的80、90后都会有一定程度的“名牌心理”，认为只有名牌才是好的，否则就会在朋友面前丢了面子。最重要的消费意识改变就是80、90后不再把商品的“实用价值”放在第一位，他们更加在乎的是时尚感和独特性。

（1）**时代的前进改变了消费环境**。随着时代的变迁，80、90后所处的消费环境已经变得丰富多彩，同类商品的选择度空间也变大了。简单地说，80、90后所处的消费环境虽然丰富，但是复杂，选择时的困惑也就更多了。

因此终端门店应该对80、90后的消费者，做一定程度的消费引导，使得他们能够在丰富而繁杂的商品中，选择最适合自己的那一款。门店需要做的不仅仅是向消费者推销商品，而是要成为消费者的市场指南。

（2）**物质多元化改变了消费观念**。80、90后对于物质的看法也发生了巨大的变化，他们的消费观念比较倾向于自主选择以及特色选择。80、90后不喜欢与其他人一样，因此会追求更多的新鲜感和时尚范儿。

针对80、90后消费观念的改变，终端门店也应该随着改变，要想让80、90后消费者喜欢你的门店，门店就必须要满足他们的需求。比如：款式必须多，而数量可以少，价钱可以高，但是一定要足够时尚而新鲜。

（3）**生活方式改变了消费心态**。如今的生活节奏越来越快，人们在忙碌之后都想要好好地享受、放松一下，80、90后更是这样觉得，他们不把储蓄金钱放在第一位，而把享受放在了很重要的位置。80、90后普遍认为，辛苦工作后应该放松调节一下。

终端门店需要根据80、90后的消费心态，及时调整门店的经营理念、销售方法和方向。要想让80、90后在你的门店消费，门店就必须要符合他们的心理需求。

实际上，80、90后消费意识的改变，不应该成为门店经营的障碍，而应该成为门店生存和发展的机遇。只要门店能够充分掌握80、90后的消费方式、心态、观念，门店就能够及时地调整自身，使门店越来越符合他们的消费习惯。

了解消费者不仅是为了门店的利润，更是为了让门店在区域商圈中得到进一步的发展。

消费者消费心理的变化

实际上，进入21世纪之后，消费者变化最为巨大的就是消费心理的变化。消费心理的变化不仅是消费环境和物质层次变化所带来的，更是因为消费者对于消费的要求以及对于物质的看法不同所带来的。

消费心理直接影响到消费者对于商品的选择，也直接影响消费者是否能够在你的门店购买商品。那么，什么是消费心理呢？简单地说就是消费者要从消费中得到什么，或者满足什么。大致有四种消费心理，分别是从众、求异、攀比、求实。

现代的消费者普遍都有一种消费心理，即不愿意与其他人一样，又不愿意让自己显得过于特殊，而愿意在相同里保持一些属于自身的特性。如此一来，消费者的心理才会得到一定程度的满足。

终端门店在应对消费者消费心理的变化时，一定要注意几个非常重要的方面：

（1）**持有积极肯定的态度**。门店不能够挑剔消费者的消费心理，无论面对什么样的消费者，门店必须持有积极肯定的态度。门店没有必须要去纠正消费者的不良消费心理，而是要利用这样的消费心理为门店创造更多的利润。

直观地说，门店没有选择消费者的权利，门店需要做的就是满足消费者的各种消费心理。比如：消费者有攀比的消费心理，门店就应该让消费者知道，门店的商品从品牌到品质都是一流的。

（2）**保持特色，不要过度迎合**。对于消费者的消费心理，门店既不要不迎合，也不要过度迎合。实际上，门店只有保持自身的特色，才能够得到消费者更多的青睐。比如：一家毫无特色的服装店与一家有一定特色的服装店，一定是后者比较受消费者欢迎。

大部分消费者都喜欢一些有特色的门店，认为这种门店中的商品，有更多的可能符合自己的品位，而且特色门店中的商品即使不是品牌，也一定具有不同的时尚感，购买这样的商品不仅经济上可以承担，而且心理也会获得一定程度的满足。

（3）**疏导消费心理，不要强求**。消费者是善变的。比如有些消费者，前一秒刚刚决定要购买商品，但是下一秒就会改变自己的主意。对于这样善变的消费者，门店不要过多地去研究“为什么”，而是要懂得“顺其自然”。

如果门店急于明白消费者的消费心理，很可能会引起消费者的反感。相反，如果门店尊重消费者的消费心理，消费者也许会愿意与你进行交流。

总而言之，对于消费者消费心理的变化，门店只需要最大限度地适应，不要过多地“刨根问底”。实际上，消费者消费心理的变化给门店带来机遇的同时，也的确给门店带来很多问题，但是只要门店能够适度掌握消费心理的变化，就能够在激烈的市场竞争中，为自身赢得一席之地。

门店在经营的过程中，不能够只低头看自身，也必须要看懂消费者。

性价比是所有消费的追求

任何消费者在消费的过程中，都会非常在乎商品的性价比。那么什么是性价比呢？通俗地说，性价比就是性能和价格的比值。大多数的消费者在购买商品的时候，都会在心里对商品的性能和价格进行一番比较，然后才能够决定最终是否要购买商品。

当然了，每一个消费者对于商品性价比的要求都是不一样的，但是如果门店能够让消费者改变对性价比的看法，那么就能够引导消费者进行消费。

门店可按照以下几点来引导消费者对商品的性价比的看法：

（1）**人为增加商品的性价比**。要想做一个赚钱的门店，就必须要懂得商品的性价比不是一成不变的，门店需要利用自身的经营和销售的优势，人为地提高商品的性价比。比如：门店的装饰装潢、门店所营造的良好的购物环境。

（2）**突出商品的特色，提高性价比**。每一个商品都有自己的特色，门店必须把商品最为特殊的一面，展示在消费者面前，以此来提高商品的性价比。很显然，特色商品的价格高一些，普通消费者都是可以接受的。

门店需要根据消费群体的不同，在不同时间段展示不同的特色商品。如此一来，特色商品才能够吸引消费者购买，也可以在一定程度上提高门店在消费者心目中的位置。

（3）**走精品路线，改变性价比**。商品的性价比不是完全由商品自身决定的，门店必须懂得如何走精品路线，让消费者认可商品的性价比。通俗地说，改变商品的性价比不是简单地降价、促销，而是必须把商品做成精品，从而使商品的性价比有所变化。

要想走精品路线，门店就必须从进货渠道开始，一直到店面的布置、经营、服务等方面都力求精致完美，这样才能够使商品变成精品。

（4）做好细节服务，增加商品附加值。终端门店的服务也是为商品加分的重要途径之一。实际上，消费者进入门店之后，所消费的不仅是商品，也有一部分是门店的服务。假设门店的服务很一般，消费者也许不会有太多意见，但是也不会在店里逛太久，更别说购买东西了。

由此可见，服务之于商品也是非常重要的附加值，不仅能够留住进入门店的消费者，而且还能够在一定程度上提升商品的性价比。

3. 预估：我的发展前景如何

店开在哪里

终端门店的位置不仅能够决定门店是否赚钱，而且也能够决定门店今后的发展方向。由此可见，选择店址对于终端门店来说，是非常关键的一步。比如：如果你把服装门店的店址选择在商务区，门店的生意和客流都会受到很大程度的限制，因此服装门店的店址应该选择在休闲区，或者人口密集的高档住宅区。

门店在选择店址的时候，往往会陷入两难的境地。如果门店一开始就处于很简陋的商圈中，门店的质量只能够越来越差。但是很多门店在刚刚启动阶段，资金都是不足的，而好的商圈中店面的租金又非常昂贵。

要想解决“把门店开在哪里”的问题，你必须要遵从以下的几个原则：

（1）**选择适合的区域商圈**。在某种程度上来说，区域商圈的选择直接决定了门店未来的样子。简单地说，精品商圈中的门店大多数都会是精品，而普通商圈中的门店，大部分都会走平民路线。但是区域商圈的选择首先要取决于门店的性质和商品，服装店可以开在精品商圈中，但是超市就一定要开在居民小区中。

由此可见，区域商圈之于门店必须彼此适合，不要因为资金不足就降格以求，也不要过高地评估门店，从而人为地拔高门店的品格。

（2）**选择高质量的竞争对手**。尽量不要选择没有同类型门店的区域商圈，如果没有高质量的竞争对手，门店的经营和发展不仅不会一帆风顺，而且会遇到很多的困难和障碍。没有高质量竞争对手的门店，就会止步不前，并且无法提高自身的竞争实力和水平。

因此门店在选择店址的同时，也是在为自身选择竞争对手，才会不断壮大自己，最终发展成为最赚钱的门店。

（3）**符合门店的风格和发展**。店址附近的环境和氛围一定要符合门店的风格，并且有利于门店的发展。不仅如此，门店在每一个阶段的发展中，都会受到周边环境的不同影响和制约。比如：一家咖啡店应该选择闹中取静的环境，而一家书店则要选择在学校附近。

总而言之，店址周边的环境需要你多方面考察，因为现在已经不是“酒香不怕巷子深”的时代了，环境对于门店经营的影响是很重要的因素。

（4）**充分考虑周转资金问题**。选择门店店址的时候，你需要多方面考察，要多选择几个备选的店址。其中最需要考虑的因素就是周转资金的问题。因为门店选址之后，还要考虑装修、进货、招人等问题，如果周转资金出现问题，再好的店址你也必须要放弃。

我应该卖什么

要想知道门店应该卖什么，你就必须先要知道你有多少可用的启动资金以及你有哪些方面的商品资源。比如：你熟识很多服装品牌，而且也掌握了很多服装方面的资源，但是你却非要开一间超市，这样，你的门店经营一定会遇到很多的障碍和困难。

因此“门店应该卖什么”的问题并不取决于你的想法和愿望，而是取决于你能够掌握的资源和资金。你不能仅凭着热情开店，而必须要根据自身的综合条件，考虑充分之后再决定门店究竟要经营什么商品。

决定门店“卖什么”，你需要从以下几个方面考虑：

（1）“做熟不做生”的原则。门店所经营的范围一定是你所熟悉的，不要轻易做一些你不熟悉的经营。因为在你熟悉的行业中，你一定会有更多的资源，所以你的门店会很快进入正轨。

如果你选择了一个很陌生的经营范围，那么你还需要很多时间和精力去了解，那么很可能就会错过门店最佳的发展阶段，导致门店经营失败。

（2）资金和资源要综合考虑。资金和资源之间会存在着一定程度的差距，比如：资金非常充足，但是资源无法满足要求。又或者，资源非常充足，但是资金不足。因此，资金和资源必须互相匹配。

通俗地说，门店所经营的商品必须从资源到资金都是配套的，如此一来，门店才能够在最短的时间里进入正常的营运轨道。

（3）进行实地的市场调查。一旦决定经营的商品之后，你需要实地对市场进行调查，要熟悉所选区域商品中所有经销同类商品的门店的情况。市场调查最终的目的，就是要让门店能够有明确而清晰的经营方向。

从市场的角度来说，“卖什么”不是最重要的，而“怎么卖”才是最重要的。而市场恰恰决定了商品该“怎么卖”，因此对于市场的了解是门店必须做好的功课。

（4）**进货渠道的确定和畅通**。进货的渠道直接决定了门店能够“卖什么”，而门店在开始经营之前，必须要把进货渠道确定下来，并且要保证进货渠道的畅通。因为商品的进出是门店最日常的工作，如果连进货渠道都无法保证，那么门店将无法正常经营。

总而言之，要想解决“门店卖什么”的问题，你就必须要清楚了解手中现有的资金和资源，以及你对行业和市场的熟悉程度，综合考虑之后，你才能够最终确定“门店卖什么”。

工具3：消费者容量评估方法

门店容客面积	容客面积在30平方米以下	容客面积在30～60平方米	容客面积在60平方米以上
店面员工数量	员工数量在10人以下	员工数量在10～20人	员工数量在20人以上
门店商品总数量	商品总数量可以满足周销售	商品数量可以满足月销售	商品数量可以满足年销售
区域商圈客流量	平时	周末、节假日	恶劣天气

消费者容量的评估就是由以上的四个具体参数中产生的，门店容客的面积决定了门店的客流量，而店面员工的数量决定了客户服务的满意度和销售量，门店中的商品需要配合以上两个具体参数，进行及时补货和订货，而区域商品不同情况下的客流量，也必须要考虑在内。

因此消费者容量评估的公式就是：门店容客面积 + 店面员工数量 × 商品总数量 + 商圈的客流量 = 消费者的容量。

Chapter 3

门店经营管理：

不仅仅是销售

在许多人的固有思维中，门店的经营管理等同于销售，但是这样的固有思维已经过时了。这种思维不仅会影响门店的正常发展，而且会让门店在竞争中失去原本的优势。

门店的经营管理必须是多角度、全方位的，不仅仅只是销售，而且更加包括对员工、客户、商品、销售等方面的管理。简单地说，要想经营好门店，就必须对门店相关的一切都了如指掌、张弛有度。

1. 不做忙碌的老板

经营发展：大目标，小目标，一个都不能少

对于终端门店的经营发展，有一些老板会认为“经营只要有大目标就可以了”。实际上，在门店的经营发展中，最佳的方法就是制定很多小目标，当一个个小目标完成之后，门店的大目标才能够顺利实现。

古语有云：“不积跬步，无以至千里；不积小流，无以成江海。”对于门店的经营发展更是如此。老板为员工量身定做小目标，督促员工每一天都能够完成一个小目标，这样，不仅可以激发员工的工作积极性，而且能够让员工更加热爱门店，热爱本职工作。

老板在制定门店大目标和小目标的时候，必须要遵守一些原则：

（1）大目标老板掌握，小目标放权员工原则。门店的经营必须要有大

目标，老板只要掌握大目标就可以了，至于小目标老板需要放权给下属员工。有些门店的老板每一天都非常忙碌，事必躬亲，但实际上工作效果却非常糟糕。

如果老板太能干，员工就会无事可做。不要说实现目标，甚至连本职工作都无法顺利完成。因此门店老板必须要摆正自己的位置，你只需要掌握大方向，具体的工作你完全可以放权给下属去做。

（2）**大目标年年有，小目标天天有原则**。门店的大目标需要固定，千万不要今天一个大目标，明天又改成另一个大目标，经常更换门店大目标，会让员工有不知所措的感觉。因此，门店的大目标一年最好只制定一个，而小目标可以每一天都制定一个。

通俗地说，门店的大目标短期内是不变的，而为了实现年度大目标，老板需要为员工制定切实可行的小目标，使得员工能够逐渐接近并且完成年度目标。

（3）**目标完成之后，奖惩制度立刻生效原则**。门店员工在每一天工作之后，对于完成和没有完成小目标的员工，门店的奖惩制度必须立刻生效。老板必须让所有的员工都明白，完成目标的员工有奖励，而没有完成目标的员工就必须接受惩罚，一切都按照奖惩制度执行。

这样做就能够让门店员工明白，完成目标的重要性以及目标对于个人发展的重大意义。

（4）**不仅目标需要明确，而且实现目标的步骤也要明确**。门店老板的责任不仅是为员工制定目标，更要告诉每一个员工如何才能够完成目标。如果老板只会制定目标，而不能够列出实现目标的步骤，那么员工不仅不会完成目标，而且会认为老板实际上是很无能的，只会要求别人，而自己什么都不会做。

实际上，老板不用告诉员工每一个目标实现的步骤，而是要教会员工工作的方法，这样，员工才懂得如何去完成目标。

员工管理：不是把人招来就可以

对于门店老板来说，员工管理的难点就在于员工无法完成工作任务，而且不能够顺利地与团队合作。有些门店老板，把员工招进来之后，就觉得万事大吉了，不仅不对员工进行岗位培训，而且在日常工作中也不对员工进行监督、检查。

作为门店老板，你必须要记住一条真理：优秀的员工都是培养出来的。

但是，有些门店老板会有这样的顾虑："我培养出来的优秀员工，如果他们跳槽了，那么我的损失不是会更大吗？"产生如此顾虑之后，一部分门店老板就不再培训自己的员工，他们只负责把员工招进来，然后就任其"自生自灭"。

实际上，如果门店对员工不管理、不培训，员工就会觉得没有归属感，从而加快员工离开门店的时间，如此一来，门店的人员就会出现频繁变动的情形。门店人员的不稳定一方面会影响门店的日常工作，另一方面也会影响门店的经营。

直观地说，门店对员工培训越到位，优秀员工离开门店的概率就会降低，反之，则会形成恶性循环，门店不仅无法留住优秀员工，更加无法顺利进行各种营销活动。

由此可见，门店对于员工必须负起培训和培养的责任，这样，员工才能够更好地完成门店的销售任务。所以，门店必须从以下两个方面提高员工对门店的责任感：

（1）员工必须先培训后上岗。门店老板不要为了节约人员成本，而取消对新员工的培训工作。无论新员工是否有门店工作经验，老板都必须重新培训。这样才能够让新员工接受门店的文化，深入了解门店的现状，并快速进入到工作状态中。

门店必须要有固定的制度。门店员工接受的培训内容必须一致，这样才能够保证门店内部的和谐统一，使每一个员工的思想都符合门店的发展。

（2）员工上岗之后也必须要定期考核。新员工通过一系列的培训之后，正式开始在门店工作。作为门店老板，你也不能够放松对员工的管理，必须要对员工上岗之后的表现进行定期考核。定期考核不仅要包括员工的销售业绩，更要注重员工对于门店的忠诚度和责任心。

简单地说，门店培养优秀员工不是唯一的目的，门店最终的目的是要留住优秀员工，为门店所用。因此员工对于门店的忠诚和责任，才是门店最为需要的优秀品质。

门店管理中的员工管理是非常细致而烦琐的工作，门店对员工的培训和考核都是必不可少的环节。实际上，门店和员工之间不是单向选择，而是双向选择，因此门店要想留住优秀员工为己所用，就必须要让员工进一步了解和认识门店的优势。

从员工管理的角度来看，门店对员工负担的责任越多，员工对门店才会越忠诚、越负责。由此可见，门店与员工之间是休戚相关的。所以，门店如果对自己的员工不尽责，员工也不会心甘情愿地为门店创造利润。

客户管理：不同类型的顾客要区别对待

门店的客户管理系统应该把一般顾客、常客、熟客区别对待。从门店经营角度来说，这几种客户的区别是非常明显的，一般顾客与门店的关系是不确定的，一般顾客购买门店的商品有可能是偶然行为。

常客和熟客与门店的联系较大，甚至他们不购买门店的商品，这样的关系也不会发生变化。而常客和熟客往往是从一般顾客发展而来的，因此对于常客和熟客，门店必须有专人负责联系和接待。

因此，门店的客户必须从以下两个方面进行管理：

（1）**客户分等级、分层次管理**。对于进入门店的每一个客人，门店都必须要在热情接待的同时，快速地划分出客户的等级，并且按照客户的等级分层次管理。这样的客户管理并不是把客人分为三六九等，而是将客户分等级、分层次之后，门店才能够因客户的不同，而实行不同的服务内容。

比如：对于一般客人，门店提供的服务就必须要多元化，以便一般客人可以有多种选择；对于门店的常客和熟客，门店所提供的服务就会具有一定的指向性，在节省客户时间的同时，也让客户有宾至如归的感觉。

（2）**客户的资料必须完整、保密**。门店的客户资料不仅要完整，而且必须要随时和定时更新，对于高级客户的资料管理，门店还要注意保密性。市场竞争是激烈的，要想保持门店的利润，门店就必须要保护好自己的高级客户。因此门店高级客户的资料，最好由门店老板一个人掌握。

其他客户的资料必须定期整理和更新，否则客户就会流失，客户的流失就等同于利润的流失。实际上，对于门店来说，客户不仅是利润的保证，更是门店生存和发展的根本。所以，门店要将每一个偶然进来的客人，都当成未来的合作伙伴对待。

总而言之，顾客对于门店来说不是单纯的购买者，而是门店发展壮大的动力。

因此，门店一定要用发展的目光去看待每一个“来者”。也许今天这个顾客并没有购买门店的商品，但是这并不代表他从此就不与门店发生任何关系。

由此可见，用发展的目光进行客户管理，把每一位“来者”都转变成门店的常客、熟客，这样门店才能够拥有长远的发展实力。

2. 销售计划，适时变化

做好销售和促销计划

终端门店的销售计划实际上就是门店的经营秩序，制订销售计划需要根据门店的进出货物量，综合每一个月的销售情况，还要依据门店所在区域商圈中的各种变化。门店每一个月都需要制订销售计划，但是销售计划需要根据实际情况的变化而改变。

门店的促销计划是包括在销售计划之内的，促销计划需要根据销售计划而制订。

门店之所以要做好销售和促销计划，正是因为市场和环境在不断变化，有了销售和促销计划，门店才能够在剧烈的市场变化中稳定地经营。有些门店认为，既然计划不一定会被实施，那么就不需要计划了。

这是一种错误的观念，销售计划虽然需要适时变化，但是不等于不需要制订销售计划。因为制订销售计划之后，门店可以根据情况变化来修改计划，而没有销售计划，门店就只能够在激烈的市场竞争中败下阵来。

一般情况下，促销计划都是随着销售计划而进行的。销售计划进行到一定程度之后，往往需要进行一次促销活动，这个时候，促销计划才会被确定实施。

门店需要从以下两个方面做好销售和促销计划：

（1）**销售计划不仅要到位，而且也要变通**。制订销售计划的时候，需要做好细节上的确认，在可能的情况下，尽量要把销售计划做得周详而到位。因为销售计划是门店日常经营的导向，所以销售计划必须把门店的一切经营活动都纳入其中，并且以此来作为门店的营销指南。

但是销售计划不是一成不变的，在执行销售计划的过程中，门店要根据具体情况的变化，及时改变销售计划。比如：制订销售计划的时候，区域商圈中还没有利好的消息，但是执行销售计划的时候，却有利好消息传出，这个时候，门店一定不要墨守成规，必须要适时改变销售计划，以充分利用市场的利好因素。

（2）**促销计划需要把握天时、地利、人和**。促销计划中对于促销的目的、方式、时间都是有规定的，但是当促销的条件和环境发生变化之后，促销计划也必须随之改变。比如：明天要进行夏季服装促销活动，但是天气预报说明天不仅下雨，而且大幅度降温。这个时候，外部条件的改变已经不适合做夏季服装促销活动了，那么门店就必须要及时改变促销计划，并且可以考虑改成春季服装打折活动。

准确地说，销售和促销都是为了提升门店的利润，因此在制订计划的时候一定要考虑到各方面的因素。在执行计划的时候，门店必须具备随机应变的能力。

总而言之，做好销售和促销计划，门店才能够经营得更好，在面对风起云涌的市场时，才能够做到应对自如。

根据季节、时机调整销售计划

随着季节的变化，门店商品的销售计划也需要随之变化，因为季节不仅改变了消费者对商品的需求，而且也使得门店促销计划的时机随之改变了。简单地说，季节的改变决定了时机的改变，门店的销售必须随着季节和时机的改变及时做出调整。

具体地说，夏季的时候消费者的消费目标，与冬季时候的消费目标是截然不同的，如果门店不及时调整销售计划，就会错失最佳的销售时机。

门店在调整销售计划的时候，需要遵守以下几个原则：

（1）季节未到之时，需要提前做好准备。一年当中四个季节的交替是不可避免的，无论门店经营哪一种商品，都需要根据不同的季节，做出一定程度的改变。有些人认为，季节的变化对于门店的影响不会很大，但事实证明，季节对于消费者的消费计划却有非常大的影响。

准确地说，门店的销售和促销计划，都必须根据季节而变化，因为季节的不同，消费者的消费计划也会不同，那么门店的销售和促销计划也必须有所不同。

（2）时机不是等来的，不打无准备的商战。商战每一天都在进行，对于门店来说，销售的时机不是等来的，而是积极主动赢来的。门店在日常经营的过程中，必须要掌握一切营销的时机，把门店的商品推销给客户，让门店能够时刻掌握商战的主动权。

销售的最佳时机是给有准备的门店的，在季节变化的过程中，时机也会随之出现，这个时候，准备充分的门店就会抓住属于自己的机遇，从而完成门店的销售任务。

（3）**计划调整需谨慎，更需及时**。通常情况下，销售和促销计划不要总在变化，因为改变一部分计划，就需要改变很多人力和物力的配置，从而使得员工的很多工作都变成了无用功。因此在改变销售计划的时候，你必须要谨慎，要掌握好谨慎的尺度。

对于门店来说，任何一个销售计划都不是完美无缺的，同样的道理，任何一个销售机会也不是完美的。所以门店需要随时掌握市场动态，及时调整销售计划，以便能够跟上市场的脚步，不错过任何一次销售机会。

（4）**不盲目、不激进，理智分析市场情况**。市场有时候是会骗人的，无论是过度的繁荣，还是过度的萧条，也许都是市场的假象。这个时候，需要你理智而客观地分析市场，门店的销售计划也需要做到不盲目、不激进。

市场具有一定的规律性，也具有一定的偶然性，但是门店不能够因为市场的偶然，就抱有投机的心态做销售。门店的销售计划在调整的过程中，不仅需要根据季节和时机，更要根据门店的实际情况以及门店经营者对于市场的认识和把握。

销售计划的调整在某种程度上是必然的，而季节和时机对于销售计划的影响也是显而易见的，因此门店必须遵循一定的销售规律，才能够获得更好的销售业绩。

改进是让计划完美的最佳途径

任何计划都不是完美的，对于门店的销售计划更是如此，唯一让计划完美的途径就是不断地改进。为什么要改进呢？答案很简单，只有改进才能够使计划更加可行，而在改进计划的过程中，门店才能够不断发现自身的缺点，进而加以完善。

终端门店销售计划的改进需要从以下几个方面着手，也需要遵循一些原则：

（1）**熟悉市场原则：随着市场的变化而变化**。门店销售必须能够把握市场的命脉，随着市场的变化而变化。在如今的商战中，谁把握了市场的命脉，谁就能够在市场中占有一席之地。因此门店的销售计划不能够闭门造车，而必须要与市场息息紧密相联。

销售计划越贴近市场，成功的可能性就会越大。如果门店的销售恰好契合市场的需求，那么销售计划就能够顺利地进行。假如情况相反，门店的销售就会受到市场的制约，最终导致销售计划失败。

（2）**掌握门店原则：改进计划就是改进门店**。对于门店现状的掌握，也是制订销售计划的重要因素之一。准确地说，改进销售计划就是改进门店的经营，从终端门店的角度看，不断地改进才能够及时地适应市场。实际上，在竞争激烈的市场中，不改进就会被淘汰。

当然，改进也要有改进的条件和方法，首先需要有明确的目标，其次也要有适合门店的方式，最后更要有可行性比较强的执行步骤。

（3）**正反两面原则：巩固优势，缩小劣势**。销售计划的改进必须从两个方面入手，一方面要巩固门店的优势，在销售计划中把门店的优势发挥到极致；另一方面要尽量缩小门店的劣势。

在改进门店销售计划的时候，尤其要正确地对待门店的劣势，不能够逃避或者视而不见。任何门店都有自身的劣势存在，只有面对并且正确对待，才能保证门店销售计划的顺利进行。

（4）因地制宜原则：循序渐进，不要着急。门店的销售计划改进方案必须要因地制宜，千万不可“人云亦云”，即使你的想法再好，计划的改进也必须要循序渐进地进行，不可以操之过急。

市场在不断地变化，门店的情况也在变化，因此销售计划更需要随时改进。但是计划的改进以及实行改进的过程都需要切实可行的执行步骤，并且要符合门店的现状，不可以只凭着热情，或者纸上谈兵。

销售计划越周到越完善，为门店创造的利润就会越多，而且对于门店的壮大也是非常有益的。

门店销售是最重要的工作，因此销售计划就需要不断地改进和完善。

工具4：工作规划表和工作进度表

工作规划表：

工作任务	主要执行人	具体工作安排	责任人
盘点库房	王晓齐	今天中午之前，务必要完成规定区域内的库房盘点	经理（ ）
店面培训	杨不语	上班前与下班后进行短期的员工店面销售培训	店长（ ）
打扫库房	吴红	上午库房盘点之后，下午负责清理打扫库房卫生	库房（ ）
清点账目	赵洪亮	今天之内将本周的账目清点准确	财务（ ）

工作进度表：

工作任务	工作内容	工作进度	工作限期
盘点库房	盘点库房中规定区域	正常，能够完成工作	中午休息之前
店面培训	培训员工店面销售	正常，上班前培训完毕	今天之内
打扫库房	打扫库房制定区域	略慢，因为盘点有些缓慢	今天下班之前
清点账目	清点本周的所有账目	略慢，无法正常完成	今天之内

3. 商品巧搭，货如轮转

定期对店面商品线作分析

门店的商品不仅要吸引客户，而且更要为门店创造利润，因此终端门店必须充分了解和掌握自身的商品，使商品在任何时候都能够满足客户的需求。

因此门店需要对商品线作定期的分析，通俗地说，就是对门店内的商品进行优势劣汰的挑选。经过一段时间的经营之后，哪些商品最受客户的喜欢，哪些商品不被客户看好，哪些商品需要更新换代，这些都需要作认真而详细的商品线分析。

（1）对门店的目标客户进行分析。综合分析门店的目标客户以及潜在客户，因为商品与客户之间是直线联系，所以客户群决定了商品线的调整，也决定了商品的销售。因此，对目标客户的分析，不仅能够改善门店的销售现状，而且也可以让门店的利润趋于稳定。

对目标客户的分析，不仅为门店的商品线调整提供准确的数据，而且为如何搭配商品提供依据。由此可见，目标客户与门店商品之间是相辅相成的关系，并且是彼此互为条件的。

（2）**对主要消费群体进行分析**。门店的主要消费群体不仅决定了门店的利润，而且也能够决定门店的商品搭配。因此门店需要定期对主要消费群体进行了解和分析，关注主要消费群体是否有变化以及这些变化从何而来，同时门店要做出及时的调整，以此来应对主要消费群体的变化。

门店的利润主要来源于主要的消费群体，门店要想获得稳定的利润，就必须要稳定主要消费群体。因此主要消费群体对于门店来说，不仅仅只是消费者而已，而是门店稳定经营的基石之一。

（3）**对畅销商品进行分析**。门店的畅销商品必须要定期进行分析：畅销商品的消费群体是哪些人，畅销商品在平时和在促销期间有无差别，畅销商品为门店带来了多少利润，最后综合各个方面的数据决定是否继续维持畅销商品的数量。

实际上，畅销商品获利不一定是最多的，但是消费群体一定是比较广泛的，因此从门店的商品配置上来说，畅销商品不需要过多，只需要不断货就可以了。对畅销商品的分析能够为门店提供进货依据，也能为门店稳定商品结构提供根据。

（4）**对滞销商品进行分析**。门店的滞销商品有两个渠道销售，一个渠道是降价处理，另一个渠道是门店内部消化。大部分的门店都会选择把滞销商品降价处理，也有一部分门店选择内部消化滞销商品。实际上，内部消化滞销商品不是让门店员工购买，而是将滞销商品换一种形式进行销售

（如与畅销商品一起捆绑销售），以此把滞销商品改变成畅销商品。

在现实的门店经营中，滞销和畅销商品都不是一成不变的，甚至是可以彼此转化的。因此对滞销商品的分析也是非常需要的，而且从门店经营的角度来说，对滞销商品的分析要比对畅销商品的分析更为重要。

门店的商品必须搭配合理，而且商品结构必须要不断完善和改进，只有这样，门店才能够赢得更多更稳定的利润。

门店店面订货管理

门店店面订货需要有专门的人员配置、库存管理分析和全面的订货报表制度。门店的订货管理必须要统一，必须有专人负责，订货的人员不仅要熟悉门店的商品配置，更需要对商品的库存管理担负一定的责任。

可以说，订货管理与库存管理、店面商品配置、日销售量、月销售量等数据都是相关的，并且订货管理需要有严格的制度，需要参考准确、详细的商品数量和销量的报表。

（1）订货管理的工作原则。订货管理是为门店店面商品而服务的，因此订货管理的原则就是“以销订进”。

简而言之，订货管理的工作原则就是门店需要哪些商品，订货管理就必须把这些商品准备好，在任何时候保证门店店面商品不断货、不短缺。因此订货管理必须要做到“商品无差别，需要就必须有”。

（2）日常商品的数量确定。日常商品是指不促销的商品，商品数量的确定需要参考现有的库存量，门店订货人员一定要注意收集日销售量以及现有库存量和安全库存量的数据，以此作为日常商品订货数量的重要参考数据。

准确地说，日常商品不仅要满足门店的日常运营，而且还要保证特殊情况下，门店不出现断货、缺货的状况。因此日常商品订货数量的确定，一定不能够忽视安全库存量、现有库存量以及门店商品的销售情况。

（3）**促销商品的数量确定**。促销商品属于特殊时期商品，因此促销商品的数量一般要比不促销商品多出 2~5 倍，具体的促销商品订货数量，也需要参考库存数据及促销期间商品的销售情况。订货人员需要在促销期间随时关注商品的销售，以便更好地补充促销商品。

通常情况下，促销商品的数量受到多种因素的影响，而且促销商品不属于长期订货商品，订货人员需要根据具体的促销情况以及促销时间来确定订货的数量。在促销期间，订货人员也要准备好随时补货或者退回缺损货物。

（4）**订货管理的工作流程**。订货管理的第一步：检查现有库存量，并且与安全库存量相对比，以便得到更加准确可靠的数据。第二步：具体商品情况具体分析，把每一种商品的订货量确定下来。第三步：区别对待日常商品、促销商品、重大节假日商品、团购商品、新品，等等。

门店店面的订货管理必须要落实在"有据可查"上，不能够全凭口头说法，正规的订货管理每一步都必须能够看到、查到。因此，订货管理不仅要有专人负责，更要有专业的管理制度，门店必须依靠制度进行订货管理。

究其根本，订货管理与库存量是息息相关的，因此订货人员必须要在掌握店面日常销售量的同时，也必须时刻关注库存量，尽量做到每日都盘点库存量，注意安全库存量和现有库存量之间的差距。

门店店面进货管理

进货管理对于门店来说就是日常工作，门店必须要保证商品不仅能够满足日常销售，而且还能够满足特殊客户的特殊需求。要想顺利赢得门店利润，就必须要做好进货管理，并通过进货管理，进一步完善门店店面的商品配置。以下几点可作为参考：

（1）**不可随心所欲原则**。进货管理中最忌讳的两个错误就是：第一个错误——按照店主自己的喜好进货，店主喜欢的商品大量进货，不喜欢的商品就不进货；第二个错误——大量引进街头的流行款，不仅拉低了门店的整体风格，而且也造成了商品的同质化。

由此可见，门店店面进货管理不能够随心所欲，必须要注意季节和时尚的变化，要注意店面风格与商品风格的统一性，并且需要充分满足消费者的需求。如此一来，进货管理才能够起到应有的作用。

（2）**中高低档结合原则**。门店店面中的商品应该中高低档都有，这样才能够满足各个层面的消费者。而中高低档的商品需要有所区别，中档商品需要大众化，可以进一些街头流行款；低档商品需要时尚化，款式一定要新颖；高档商品需要高端化，注重的是质量和品牌。

门店店面销售就是要提高客流量，只有客流量上去了，利润才会随之上升。因此店面的商品必须要多元化。俗话说："行家看门道。"进入门店的客户看到你经营的商品之后，就能够在某种程度上给你的门店打分了。

（3）**少量多次原则**。少量多次的进货管理原则有两方面的益处：第一个方面——减低门店经营成本。经营成本降低了，就意味着降低了门店的竞争风险，同时也提高了门店在区域商圈中的地位。第二个方面——提高商品的流通率。商品和资金一样，只有形成线性流通，才能够保证门店从经营中获得利润。

尤其是对第一次经销的商品来说，少量多次的进货管理原则，更是非常有必要的。而且在进货的同时，也必须与对方签订退换货合同。少量进货可以降低门店的商品库存，而多次进货则能够保证门店商品的充足。

（4）**明确退换货原则**。退换货原则面对的是两个方面的人员，一方面是进货厂家，另一方面是门店的消费者。无论面对哪一个方面的人员，都必须要明确告知退换货的原则，尤其是在进货的过程中，必须要把退换货的细则写进进货的合同中。

在进货合同中明确退换货原则，不仅能够降低门店的日常损耗，而且也能够使门店的资金和商品更好地流通。

（5）**进货单据齐全原则**。门店店面在进货的过程中，必须要制定完善的进货制度，最重要的是进货的各种单据必须齐全。准确地说，进货不仅关系到门店，也关系到进货方，因此为了双方的利益着想，进货的单据不仅要齐全，更要填写工整。

任何一次进货都必须要严格比对进货单，商品的数量和价格一定要准确，如果在进货时出现了问题，那么门店亏损就是必然的事情了。

工具5：安全库存量的计算方法

安全库存量是以满足客户需求程度为基础的，满足客户程度越高，门店缺货的情况就会越少，但是相对的，安全库存量就会上升，持有库存的资金就会增加。基本公式：满足客户的程度 = 年缺货次数 / 年订货次数。

安全库存量计算公式：

提前期为固定参数	库存量 = 满足客户需求程度 Z × 提前期的长度 × 提前期内满足客户预计量
需求为固定参数	库存量 = 满足客户需求程度 Z × 提前期标准差 × 提前期内的日销售量

满足客户需求程度的安全系数表：

满足客户需求程度(%)	安全系数 Z	满足客户需求程度 %	安全系数 Z
100	3.09	95	1.65
99	2.33	90	1.80
98	2.05	85	1.04
97	1.88	80	0.84
96	1.75	75	0.68

商品盘点：日盘、周盘、月盘

门店盘点商品主要目的是为了准确掌握库存商品以及店面商品的数量，以此作为订货和进货的依据。通过日盘点、周盘点、月盘点，门店不仅能够掌握商品准确的数量，而且也能够及时补充不足的货物。

（1）**日盘点**。日盘点的目标：通过商品数量的清点和比对，准确掌握当日的商品销售情况，并且列出商品销售清单。门店当日的商品销售数量必须与销售利润相符合，同时日盘点还必须计算出当日的毛利润和纯利润。

日盘点的流程：第一步清点店面商品数量，比对库存商品数量，进而确定日销售商品数量；第二步核对退换货商品数量，确定之后，把退货送入库房，把换货重新列一份清单；第三步检查商品的损耗情况，把有残损的商品列出清单，并且存入库房，以便日后退回厂家。

（2）**周盘点**。周盘点的目标：清点库存和店面商品数量，综合分析一周之中哪些商品的销售情况最好，哪些商品不需要继续进货。周盘点的过程中，不仅需要核对商品数量，更需要盘点商品的销量，为门店店面订货和进货提供可靠的数据。

周盘点的流程：第一步核对店面和库存商品数量，确定这一周销量最好的商品以及下一周需要补货的商品和数量；第二步做出一周销售量报表，同时也要做出一周商品损耗和退换货报表；第三步进行再一次的核对，确定销售商品数量、退换货商品数量、损耗商品数量与库存数量吻合，与利润吻合。

（3）**月盘点**。月盘点的目标：综合门店店面的销售情况，列出本月的商品销售报表，以此作为门店订货、进货、销售的依据。月盘点的最重要目的就是为了清楚门店的月销售状况、库存商品的数量和具体情况。月盘点的数据对于门店下一步的经营非常重要。

月盘点的流程：第一步核对本月所有的单据和报表，确保商品数量以及退换货和损耗商品都能够与门店的利润吻合。第二步检查店面和库存商品，及时订货和补货，查看库存条件以及库存商品的质量。第三步综合本月的各种数据，决定下一个月的经营方向以及经营目标。

门店之所以需要盘点，正是因为门店的商品和客户随时都会发生变化，而对门店经营的把握，必须要有足够而可靠的数据支持。简单地说，知道了门店的今天，才能够更好地发展门店的明天。而盘点正是为了让你从各方面，深入了解门店的今天。

门店在日盘点、月盘点、周盘点的过程中，商品的数量必须真实而准确，而所有关于商品的单据和报表都必须要完整。从门店的经营上来说，盘点还可以锻炼门店员工的团队精神，因为一个人是无法完成盘点工作的。

由此可见，门店对于商品的盘点不仅是必要的，更是门店进入正轨经营的必经之路。所以盘点商品的过程就是门店自我总结的过程，也是门店不断完善制度的过程，而盘点中所有的数据和清单，都是门店经营方向和未来发展的重要资源。

商品的损耗管理

凡是正在经营的门店都存在着同一个问题："商品的损耗应该如何管理？"商品的损耗在任何一家门店都是不可避免的，有些损耗是可以控制的，但有些损耗是无法控制的。比如经营一家超市，商品的包装破损，不能够再陈列出来，这种损耗是可以控制的，但对于商品的被盗以及账面的错误所造成的损耗，就是无法控制的。

对于门店来说，所谓的商品损耗就是实际盘点的数量与账面商品利润之间的差额。在一般门店的经营中，商品的损耗在销售利润的千分之三至千分之五属于正常范围。

门店的商品损耗管理必须遵循以下的几个原则，才能够把损耗降到最低，使商品的损耗不至于影响门店获取正常的利润。

（1）及时发现并查明损耗。门店对于容易造成损耗的商品，必须要经常盘点，不间断地检查，以此来降低损耗的概率。在经营的过程中，及时发现可能造成损耗的原因是非常重要的。对于已经造成的损耗，也必须要查原因，防止下一次出现同样的损耗。

商品从到货、入库、出售等各个环节中，都有可能会出现损耗，而门店在整个过程中，不间断地进行检查和清点，能够及时发现损耗，从而想办法降低损耗。在实际的门店经营中，降低损耗就是降低门店的经营成本。

（2）阻止并且控制损耗。发现并查明损耗的原因不是最终目的，阻止并控制损耗才是最终目标。虽然有一些损耗是无法控制的，但是对于可以控制的损耗，门店就必须要想尽办法阻止损耗的发生，而且必须严格控制发生损耗的概率。

门店应该清楚，任何的损耗都是要与门店利润挂钩的，损耗就是折损门店的利润，因此门店必须想方设法阻止并控制损耗。虽然商品的损耗不是不可控的，但门店只要能够完善商品检查和监管制度，就能够大幅度降低商品损耗度。

（3）不同形式的损耗需要区别对待。商品的损耗会出现在任何的环节中，对于不同形式的损耗需要区别对待。比如：如果损耗来自于不可控因素，那么这样的损耗在正常范畴当中。但是如果损耗来自于可控的人为因素，那么这样的损耗不但要追求当事人的责任，更要想办法避免下一次发生同样的情况。

准确地说，商品的损耗分为可控与不可控两种。对于不可控的损耗，门店需要在找到原因之后，提高门店硬件和人员的素质，降低不可控损耗的概率。而可控的损耗则是门店必须要尽力避免的，因为这会直接影响门店的销售利润。

（4）建立应对商品损耗的管理机制。门店需要把商品的损耗分等级、分状况地列出表格，并且建立完善的商品损耗管理机制。比如把商品的损耗分为几等，一等损耗是什么标准，发现损耗之后应该如何处理；二等损耗是什么标准，发现损耗后处理的流程是什么；等等。

如此一来，门店员工就会在发现损耗的第一时间里，知道应该如何处理损耗商品。商品的损耗管理机制还能够很好地降低门店的商品损耗概率。

4. 你知道自己是赚钱还是赔钱吗

建立收银制度

无论门店的规模是大还是小，都必须要建立完整的收银制度。门店的收银制度完善之后，你才能知道每一天门店是赚钱还是赔钱。如果赚钱了，那么是哪些商品、哪些销售策略赚钱的；如果赔钱了，那么是哪些商品、哪些原因赔钱了。

门店的收银制度可以把赚钱还是赔钱的问题，明明白白地告诉你。门店要想建立收银制度，就必须要做好以下几个方面的工作：

（1）规范收银员的操作流程。收银员是收银制度的具体执行者，因此收银员必须要严格执行操作流程，不能够有丝毫的妥协和怠慢。比如：收到大额人民币的时候，一定要通过验钞机之后，才能够收取。

最重要的是收银员必须随时检查钱款是否正确，发现长短款的情况，一定要立刻进行核对，直到核对完全准确无误为止。因此，门店在选择收银员的时候，一定要注重收银员的责任心、耐心和原则性。

（2）**建立严格的财务制度**。通常情况下，门店都是现金和刷卡交易，因此门店的收银制度，必须要依靠严格的财务制度，才能够真正执行到位。准确地说，财务制度是收银制度的保障，建立严格的财务制度、收银制度才能够有据可依，有理可查。

（3）**坚持日清日结的收银方式**。门店收银必须日清日结，主要是因为门店不适合保留现金过夜，而且门店日清日结的收银方式，也有利于门店的财务管理，实际上，也是为收银员减轻工作压力。

日清日结的工作流程：收银员需要在全天营业结束后，进行点款和封款的工作，在核对无误之后，按照规定填写“日清日结结算单”，再次核对无误之后，店主和收银员都需要在单据上签字。

（4）**奖罚分明，才能够以制度管人**。对于收银员的管理，要做到制度上细则化、管理上人性化，只有奖罚分明，才能够以制度管人。

奖励制度必须与惩罚制度并重，这样才能够提高收银员的工作积极性，才能够让收银制度得到更好的执行。

（5）**定期培训收银员岗位准则**。由于收银员岗位的特殊性，所以门店必须定期对收银员进行岗位培训，一方面财务制度和收银制度需要反复的、不间断的强调；另一方面通过培训和考核，门店也能够及时纠正收银员的不良工作习惯。

总而言之，收银制度是门店必须要建立并完善的，特别是对收银员的选择和培训，门店更要格外用心。或许收银制度不能够从根本上改变门店的经营现状，但是没有收银制度的门店，管理一定会是杂乱无章的。

做好各类单据管理

门店的各种单据都是非常重要的，不仅关系到门店的经营，而且直接关系到门店的商业机密，因此对单据的管理必须严格。单据的管理制度适用于门店的全部经营过程，任何单据都必须保存好，要完整、齐全，不可丢失或者随意放置。

实际上，管理好各种单据，一方面是为了门店的经营有据可查，另一方面也是为了门店员工不做无用功。如果门店的一切事物都能够让单据说话，那么门店就不会出现互相扯皮或者查不清楚的情况了。

单据管理需要具体的实施细则，需要门店每一个员工的积极配合，因为单据管理不是某一个员工的事情，而是整个门店的重要工作之一。

（1）**单据管理的具体规定**。收银员必须每周都对单据进行整理，并且把相关的单据装订成册；门店的每一个员工都必须主动把单据交给收银员保管；单据整理之后，需要有整理人、单据交接人以及店主的签名，才能够封存。

每一种封存的单据都必须标明类别，方便今后查找；单据存放的地方需要通风干燥，防止单据受到外力的侵害；单据保存必须完整，在保存之前，必须经过反复核对，准确无误之后才能够封存单据。

（2）**单据保存的期限规定**。与门店相关的单据，最短保存期限是三年以上，比如：门店的各种缴费单据。而有些单据则需要保存更长的时间。

与商品有关的单据，最短保存期限是两年以上，但是如果单据保存到期之后，同一个批次的商品还有库存，那么相关的单据就需要继续保存。

与门店员工相关的单据，最短保存期限是一年以上，但是员工的劳动合同以及保险单据需要保存更长的时间，在员工离职之后，还需要保存半年以上的时间。

实际上，单据涉及的内容不同，保存的期限也会不同。定期整理门店的单据，不仅能够了解更多的门店相关资料，而且也能够清理不需要的单据。

（3）**单据的整理办法规定**。按不同类别整理：单据分为门店管理、商品管理、员工管理，将单据分门别类地放入相关的类别中，并且要在文件夹上标明整理人、整理日期以及单据的概述。

按时间顺序整理：单据分为日、月、年，把单据的时间顺序整理出来之后，将时间段相同的单据放在一起，并在文件夹上标明具体的时间范围。

（4）**单据管理的注意事项**。单据必须完整、清楚；任何单据都不可以随意修改和涂抹，因为修改和涂抹后的单据，会变得不再可靠，有据可查最后变成了查无此据。单据封存必须要有联合签名；联合签名一方面是为单据负责任，另一方面也是为单据保管者负责任。

门店的单据管理不是一件小事情，很多的门店内部矛盾以及门店与客户之间的矛盾，都是依靠单据而解决的。尤其是对门店的管理者来说，单据所能够说明的问题，远远超过了你所能够听到和看到的。

要控制费用，先做好成本核算

成本核算实际上就是门店经营的指南。门店经营必须控制费用，否则就会为经营带来很大的麻烦。控制费用是门店一切经营的前提，如果你无法控制费用，你的经营一定会失败。如何才能够控制费用呢？方法非常简单：做好成本核算。

门店经营的过程就是成本形成的过程，成本核算不是简单地算一算门店需要多少钱，而是一项非常复杂的工作。简单地说，不是门店经营决定成本核算，而是成本核算决定门店经营。

（1）**确定成本核算的项目**。成本核算必须要有针对性，不同的核算项目会采用不同的核算标准和方法，因此在正式进行成本核算之前，你必须要确定成本核算的项目。

对于门店来说，成本核算的项目应该非常具体，因为只有具体项目的核算，才能够做到准确无误，也才能够起到控制费用的作用。所以，门店在成本核算中最忌讳盲目，什么都进行核算的结果就是，什么项目都没有核算到位。

（2）**运用适合的核算方式**。核算的项目不同，运用的核算方式也是不同的，比如：核算商品损耗的成本与核算店面盈利的成本，就不能够运用同一种核算方式。

因此，运用适合的成本核算方式，才能够保证核算结果的准确度。实际上，核算方式虽然不同，但是一般性的原则和基本程序是一样的。所以适合的成本核算方式，必然会对门店的经营起到推进的作用。

（3）**细化成本核算的标准**。成本核算必须要有非常严格和细化的标准，比如每一个项目的核算需要达到怎样的结果，或者成本核算必须具体到怎样的细节。

成本核算不应该是粗略的、大概的，必须要列出详细的清单，每一项的核算都应该具体到小数点后两位。这样的核算结果才能够充分说明问题，也才能够起到控制门店成本的作用。

（4）客观运用核算的结果。成本核算就是为了更好地运营门店而服务，因此对成本核算的结果，门店必须要理智而客观地对待，并且合理地运用。

不可否认，经过成本核算之后，你的一些经营想法也许会暂时搁置，即使如此，你也必须要客观地对待成本核算的结果，不要一意孤行。因此，无论成本核算的结果是否支持你的想法，你都必须接受并且理智地对待。

（5）科学成本核算的价值。有些门店的经营者认为成本核算是多此一举，“一家小门店有什么可以核算的，钱够了就办事呗！”这样的想法往往会导致门店经营失败。

科学的成本核算不仅仅关系到门店的资金运作，更大的价值在于为门店过滤不良的经营倾向，防止发生重大的决策失误。准确地说，成本核算一方面可以帮助你控制门店的费用，另一方面也为门店下一步的经营决策提供最有利、最可靠的数据支持。

由此可见，门店的每一项经营项目，都必须要经过科学的成本核算，这样才能够确定经营项目是否可行以及经营项目未来的发展空间。

发工资不是一件小事

发工资无论是对门店的经营者，还是对门店的员工都是一件大事。门店的经营者通过发工资不仅可以掌握门店本月的盈利和亏损情况，还可以了解员工的全新动向。而工资对于门店员工来说，不仅是辛苦工作的酬劳，更是门店的认同和奖赏。

那么，门店在制定工资标准时，需要注意哪些方面呢？主要有以下几点：

（1）**制定工资的标准必须符合实际情况**。门店工资标准的制定必须符合门店的实际情况，门店经营者在工资问题上一定要做到“言而有信”，这样才能够真正留住优秀员工。特别是在招聘的时候，承诺给员工的工资待遇必须兑现，不能用别的借口推脱。

制定工资的时候不要好高骛远，有些店主害怕工资太低，无法找到优秀的员工。但是与无法兑现工资承诺相比较，工资低并不是非常严重的事情。门店的信用要比工资的高低重要得多。

（2）**要让员工觉得工资还有上涨的空间**。许多的门店都处于小本经营的状态中，因此员工的工资不会太高，但是你要让员工看到希望，他们的工资水平还是会有很大的上升空间的。当然，这取决于门店经营者的能力和实力，但你必须让员工相信你，进而相信门店会有更好的发展，而他们的工资也会在最短的时间内上涨。

准确地说，员工对于涨工资的信心，完全取决于门店的经营状态。同时，经营者需要让员工觉得，门店的好坏是与每一个员工都休戚相关的。门店经营所赢得的利润，一定会有员工的一份，如此一来，员工才不会把主要注意力放在现有的工资上，而是会更加注意门店的经营和销售。

（3）**将工资与绩效挂钩，能者多得**。门店的工资最忌讳的就是能者不能够多得，而不能者也不会少得，这样的情况打击了员工的工作积极性，进而影响到门店的销售工作。因此门店的工资应该与绩效挂钩，能者多得才是最正确的做法。

门店的工资制度应该分为几个级别，每一个级别的工资里，还应该包含金额不同的奖金。而级别区分的关键就是员工的绩效，绩效优秀的员工工资不仅要比其他人高，而且还要拿到高金额的奖金，反之，不仅要扣除工资，而且也得不到任何的奖金。

（4）**让工资成为老板和员工之间的沟通桥梁**。工资不应该只是门店老板制约和监督员工的一种手段，而应该成为老板和员工之间沟通的桥梁。实际上通过发工资，老板能够更加近距离地与员工沟通，深入地了解员工的心理动向，比你开多少次晨会都更有用。而员工在发工资的时候，也能够没有障碍地与老板沟通，说一些比较轻松的话题，或者问一些平时不太敢问的问题。由此可见，在发工资的时候，老板尽量要营造出轻松愉快的氛围，让发工资成为一次良好的沟通机会。

现在有些门店是用银行卡发工资的，即使如此，老板也可以在发工资的日子里，与员工进行一次互动。不要小看这样的互动，这是难得的彼此了解的机会。

财务管理的四大原则

财务管理是门店经营不可或缺的重要组成部分，很难想象一家财务管理不力、财务制度不完善的门店，能够做出好的销售业绩。因此，门店的财务管理不仅能够决定门店的兴衰，而且可以使门店更快地适应市场，获得更多利润。

那么，门店需要如何提高财务管理呢？答案就是要遵守财务管理的四大原则：

（1）**依法理财的原则**。财务管理最需要依据法律制度，门店的财务管理更是如此。然而有一些门店会抱有这样的心态：“我是一家小门店，守法的事与我无关，反正不会有人查我的。”

在门店的财务管理中，这种思想都是绝对不能够有的。如果不依法理财，那么门店就会陷入危险的陷阱中。门店所得的一切利润都必须是合法的，只有这样，门店的经营才会越来越好，钱才会越赚越多。

（2）**以市场为导向原则**。门店经营离不开市场，同样的道理，财务管理也必须以市场为导向，简单地说就是以市场的标准和需求来指导门店的财务管理工作。在市场经济的大环境下，如果财务管理脱离了市场的引导，就会出现财务漏洞或者财务危机。

实际上，门店的财务管理只要跟随市场的脚步，就能够做到万无一失，这其实是一条捷径。通过市场对于财务管理的引导，门店就能够从一个侧面了解市场。

（3）**分权管理原则**。门店的财务管理最忌讳没有监督，或者监督机制形同虚设，这是因为门店的财务管理很容易流于形式化，而分权管理原则能够很好地解决这些问题。因此，财务管理的权力不能够一个人掌握，否则就会失去监督，失去监督的权力会造成很多问题。

财务分权管理不仅是为了更好地执行财务制度，而且也能够避免财务工作中的许多麻烦。比如：一项进货，如果只有一个人负责，那么出现问题之后，有许多事情是无法解释的，但是如果有两个人以上一同工作，那么出现问题的时候，就会很快找到解决的方法。

（4）**利益协调原则**。财务管理不仅要协调门店外部的各种利益，而且也要协调门店内部的多种利益，如果利益产生了不协调的情况，门店的经营和销售就会陷入困难的境地。反之，门店内、外的利益都协调了，门店的经营自然就会更上一层楼了。

从门店经营的角度来说，利益协调是非常重要的事情，一方面利益协调之后，门店在商圈中才能够占有一席之地；另一方面只有利益协调，门店内部的许多制度和销售策略，才能够得到彻底执行。

财务管理的四大原则是门店经营的最终保障。因此门店必须要遵循每一个原则，不能够有任何的妥协或者“差不多”的思想。

财务管理的“三符”

财务管理中的“三符”指的是账账相符、账实相符、账证相符。门店的财务管理不仅要做到“三符”，更要始终坚持“三符”的财务管理原则。只有这样，门店的财务管理才正规而有序。

财务管理的“一符”：账账相符。通俗地说，账账相符就是财务账与门店商品明细账相符合。财务账与商品明细账必须一致，其中包括订货、进货、库存、销售量等，凡是门店商品有变动，都必须要记账，然后与财务账比对、核查。

账账相符不仅是为了保证门店财务的统一，更是为了让门店经营者熟知店内一切商品的销售情况。因此，财务账和商品明细账必须每天都进行核对，一旦发现问题，也必须要立刻解决，让门店的财务管理清清楚楚。

财务管理的“二符”：账实相符。简单地解释账实相符，就是商品明细账必须与商品实物相符合。准确地说，商品明细账上所记载的商品数量、状态、入库时间以及供应商等，都必须要与店面和库房中的商品实物相符合，任何一项都不能够出现偏差。

账实相符不仅避免了有关人员的不良行为，也能够保证信息的正确和完整，还可以保证门店不重复进货，或者积压货物。总而言之，账面上的商品和实际的商品情况必须完全一致，不能够出现任何不一致的地方。

财务管理的“三符”：账证相符。通俗地说，财务管理中的账证相符，就是财务账要与商品的单据、证件相符合。其中最重要的一点就是，记录在册的商品供应商和产地，必须要与实际情况一致。准确地说，就是商品必须要有自己身份的证明文件。

而这些证明商品身份的文件，必须要与财务总账上的记录完全吻合。比如：一件商品在财务账上标明的出产地是浙江省杭州市，但是实际商品标明的只是浙江省。这种差别就是不允许的，这种情况就是账证不相符。

在实际的操作中，“三符”一定要完全做到，不能够有“差不多”就可以的想法。财务管理就是非常细致的工作，每一个数字和小数点都必须要做到精准无误。

为了做到财务管理的“三符”，门店的所有人员都必须要配合财务的工作，不但要定期核对检查，而且要对所有的商品进行动态管理。

“三符”对于门店经营来说有两点益处：第一，“三符”使得门店所有的人都时刻处于彼此监督中，长此以往，门店内部人员就能够形成自我检查的良好习惯。第二，“三符”不仅能够降低门店的经营成本，而且也能够降低门店商品积压的概率。

门店做到了“三符”，商品就始终处于动态管理中，因此进出门店的商品和商品质量都得到了保证，那么整个门店的经营状况就会越来越好。

总而言之，财务管理中的“三符”使得门店的账面和商品，以及进货渠道之间形成统一，并且确保任何环节都不会出现意外。实际上，对于门店员工来说，“三符”既是一种监督，更是一种保护。

工具6：销售报表的统计与分析

	月销售统计	年销售统计	促销统计	节假日销售统计
门店分析	统计：客流量+成交量=月销售 分析：客流量与成交量之间的差距过大，那么必须要找到成交量低的症结。成交量与客流量需要成正比	统计：本年度的成交量+商品损耗量=年销售 分析：门店销售的增长率是多少，与去年相比较，利润增长了还是减低了。同时门店的日常成本也需要计算在内	统计：促销期间的成交量+促销损耗=促销销售 分析：促销期间的主要销售来源，以及促销期间商品的折扣率对销售的影响，促销之后的销售额不应该有大幅度的下滑	统计：节假日的成交量+折扣损失=节假日销售 分析：节假日的客流量与平时有何不同，包括销售的走向与平日销售的不同，都必须要考虑在内
商圈分析	区域商圈中的固定因素与不固定因素对销售量的影响，客流量是最关键的因素之一	区域商圈中同类型的门店今年新开了几家，其他商家对新开业门店的态度和对策，以及你的门店要如何应对竞争者	区域商圈在最佳促销时期里，有多少家同类型门店进行同样的促销活动，其他门店的促销结果是什么	区域商圈在重大节假日的时候，商家和客户与平时有何不同之处，这些不同之处就是门店的商机
市场分析	市场本月有哪些全新的动向，将与门店相关或者不相关的信息都汇总到一起	市场中同类型门店哪一家做得最好，盈利最多，进行实地考察	市场中最新的促销形式，门店是否适合最新的促销方式，如果适合，门店需要尝试最新的促销方式	重大的节假日就是消费的好日子，门店必须顺应市场的需求，提前、充分准备

工具 7：商品报表的统计与分析

	销售最好的商品	销售最差的商品	无差别商品	流行商品
店面商品	列出销售最好的商品，并且分析原因，总结商品成交量中的主要消费群体	店面销售最差的商品，通过综合分析，找到销售量小的原因，以此决定是否继续销售此类商品	每个月的销售量都不相上下，但是每个月都会有销售量，分析客户群体以及原因	店面的流行商品销售量统计，流行商品一般都是应季商品，分析客户群以及原因
库存商品	库存量最大的商品，与店面销售量最好的商品是否一致，如果不一致，需要进一步补货，还是不需要补货	店面销售不好的商品，库存量不宜过大，应该把这些商品集中起来，决定继续销售还是退回厂家	无差别商品的库存量应该在安全库存量以下，只要不影响正常的日常销售就可以了	流行商品的库存量不需要太多，最合适的库存量是能够满足三日之内的销售
损耗商品	销售好的商品损耗量也会比较大，但是商品损耗也必须在正常的范围之内，一旦商品损耗过大，就必须要有应对的方法	销售不好的商品损耗多数是在库存中，尽量避免库存损耗的办法，就是每一天都对库房进行检查和盘点	无差别商品的损耗尽量降到最低点，保证无差别商品不积压，并且及时补货	流行商品的损耗必须先与供应商签订退换货合同，以此保证流行商品的损耗不影响销售额

Chapter 4

门店陈列管理：

塑形象，巧布局

有些人认为，只要商品过硬，商品无论怎样陈列都是可以的。这个看法是不正确的，门店的陈列不仅可以让顾客在最短的时间里了解门店，而且还能够树立起门店的良好形象。

门店的陈列就像是人的装扮一样，而人们往往都会特别相信第一印象。那么你的门店给顾客的第一印象是什么呢？这就需要你能够耐心细致地巧妙布局，打造属于门店的专属形象。

1. 人流量挺大，却没人进店

门店形象设计是吸引顾客的第一要素

门店的形象就等同于个人形象，要想吸引住更多人的目光，你就必须有充满魅力的个人形象。门店也是这样，门店的形象是吸引顾客的第一要素。因此门店的形象设计不仅要体现出门店自身的特质，也要融入店主的个人风格。

在设计门店形象的时候，你需要从以下的几个方面着手：

（1）**保持个人风格，坚持有特色的设计**。门店的形象设计最忌讳千篇一律，这样的门店不仅没有任何特色，而且不会给人留下任何印象。虽然门店设计不应该特立独行，但是也必须要有一定的特色。道理很简单，一个没有特点的人注定要被淹没在人群中，一家没有特质的门店也注定不会引起消费者的任何关注。

（2）**参考同类型门店的风格，主题设计必须鲜明**。门店的形象设计需要一个主题，主题一定要鲜明，并且要符合门店所经营的商品特质。准确地说，只要顾客一看到门店的外表，就可以想到门店是经营什么商品的。如此一来，你的门店才能够吸引顾客的注意力。在设计门店形象的时候，也需要适度参考同类型门店的风格，取长补短才能够设计出更加亮眼的门店。

（3）**注意色系的搭配，颜色会产生正能量**。设计门店形象的时候，需要注意色系的搭配，因为颜色对于人的情绪是有影响的。通常情况下，色系搭配得好，不仅会让顾客有眼前一亮的感觉，而且还能够让顾客第一眼就喜欢上你的门店。颜色搭配得好能够使得人的精神愉悦，给自己带来正能量。

由此可见，色系的搭配对于门店形象来说非常重要。色系搭配合理会让顾客产生想进入门店看一看的想法，色系搭配不合理就会流失很多客户。

（4）**注重第一印象，具有吸引力才是硬道理**。门店的形象设计一定要有吸引力，首先要吸引的就是你自己，如果你的门店形象连自己都无法吸引，那么去吸引顾客就变成了奢谈。

虽然，门店的形象设计不可能吸引所有的顾客，但首先必须能够吸引门店的主要顾客群，所以你要用主要顾客群的眼光看待门店的形象。

（5）**细节注定成败，门店设计不要输在细节上**。有些门店的形象设计很亮眼，也能够吸引顾客的注意力，但是无法让顾客在门店里购买商品，这是因为顾客发现门店在许多细节上很粗糙。因此，门店的形象设计一定要注重细节，没有细节就意味着没有成交量。很多顾客都喜欢从细节上判断门店的整体质量，很难想象，一家连形象设计都很粗糙的门店，能够在商品的质量上精益求精。

（6）**营造舒适优雅的气氛，使客户感觉愉悦**。每一个顾客进入门店的时候，都希望在门店内度过一段身心愉悦的时光，因此门店的形象设计一定要全力打造舒适优雅的购物环境，使顾客在购物的过程中感到身心愉悦，那么他们成为门店回头客的概率会大幅度上升。

总而言之，门店的形象设计要想具有吸引力，就必须要在坚持个性的基础上，也能够融入大众审美的因素，这样才能够设计出完美而具有魅力的门店形象。

让橱窗成为顾客目光的焦点

橱窗是门店的脸面，更是门店对外的一扇重要的宣传窗口，因此橱窗的设计、布置、灯光、色彩和文字都必须要鲜明活泼，要体现出门店自身的特质和魅力。如此亮眼的橱窗才能够成为顾客目光的焦点。

可以说，顾客是先看到橱窗才看到门店的，因此橱窗作为门店最重要的“形象代言人”，必须要与众不同。比如：橱窗的颜色和陈列商品，都要符合目标客户群体的品位和需求。

作为门店的店主，你应该怎样布置你的橱窗，让它成为顾客目光的焦点呢？

（1）**橱窗横渡中心线最好能与顾客的视平线相等**。橱窗横渡中心线最好与顾客的视平线相等，这样顾客才能够看清楚橱窗内所有的商品。如果橱窗横渡中心线过高或者过低，橱窗内所陈列的商品则无法完整地进入顾客的视野，从而失去了橱窗该有的功能。

好的橱窗陈列不仅能够起到介绍门店商品的作用，更加可以起到引导顾客消费的作用。

（2）**橱窗的规模应该与门店规模相匹配**。橱窗的规模不宜过大或者过小，应该与门店的规模相匹配。如果橱窗的规模过小，就会给顾客压抑或者不对称的感觉，这种不舒服的感觉，会使得顾客拒绝进入你的门店。

如果橱窗规模过大，不仅会让顾客认为门店过于招摇，而且也会影响门店的整体形象，那么顾客也是不会进入门店的。因此只有橱窗与门店规模相匹配，才能够产生良好的视觉效果，顾客才愿意关注橱窗，进而关注门店。

（3）**橱窗内的环境必须保持洁净**。橱窗是面对着所有过往行人的，因此橱窗内必须保持一尘不染。对于橱窗内部的清理和修整是门店员工每一天必须要做好的工作，不仅如此，橱窗商品的更换，也是每一天都必须要完成的工作任务。只有这样，橱窗才能够保持洁净和完美，才会给顾客带来不一样的视觉感受，并起到宣传门店商品的作用。

（4）**陈列的商品必须与门店主题相符**。橱窗内的主题与门店内的主题必须完全一致，如果门店内宣传的是夏装，而橱窗里摆放的却是冬装，那么就会给顾客带来混乱的感觉，直接导致顾客“过门而不入”。

橱窗的主题需要一目了然，避免商品摆放和陈列杂乱无章、不分主次。没有顾客会喜欢一个主题不明，看起来莫名其妙的门店橱窗。因此，橱窗的主题除了要简单鲜明之外，还要用最直接的方式来打动顾客。

（5）**运用橱窗传递门店的有效商品信息**。橱窗是门店的宣传工具，门店需要运用橱窗向顾客传递有效的商品信息。什么是商品的有效信息呢？答案非常简单，就是能够让顾客知道，你的门店是卖什么的，而且门店内正在做什么活动。

这些有效信息对于门店来说非常重要，它不仅能够吸引更多有需求的顾客，而且还能够让顾客对门店留下良好的第一印象。

让顾客萌发参观店面的欲望

门店店面的装饰和摆设需要有一定的艺术气质，能够让顾客萌发参观店面的欲望。顾客对什么样的店面装饰感兴趣呢？首先你要确定目标客户群，其次你要对目标客户群投其所好。比如：门店的目标客户群是大学生，那么店面的装饰就要以文艺、轻松为主题；如果门店的目标客户是都市白领，那么店面的装饰就要以“小资生活”为主题。

店面的装饰是非常重要的，如果门店内部的装饰能够引起顾客的兴趣，顾客才愿意在店内多待一些时间，才有可能去挑选店内的商品。

店面装饰最好注意以下几个方面：

（1）店内的色彩一定要柔和，让顾客感觉到放松。门店店面的色彩需要柔和，柔和的色彩能够让顾客很快地放松下来，因此店内的色彩与商品必须匹配，如果色彩过于杂乱，或者浓烈，就会让顾客感到不安和烦躁，那么顾客是不会在店内过多逗留的。

（2）装饰要有特点，但是不宜太多太杂。门店内部的装饰只要可以体现门店风格就可以了，千万不要让顾客觉得，你的门店内部除了商品之外，全是一些挂饰和装饰。因为过度装饰，会让顾客产生混乱的视觉感受，进而影响顾客的购买心情。

门店内部的装饰要表达出艺术、时尚的气质，而且装饰是为了突出商品，所以最佳的装饰就应该是“画龙点睛”的。门店内部的所有配饰和挂件，都应该与商品融为一体，不仅能够突出商品的特色，而且也不打乱门店的整体形象。

（3）**店内的温度要合适，不宜太热或者太冷**。顾客从店外进入店内，很明显能够感觉到温度的变化，如果店内的温度太热或者太冷，都会让顾客感觉不舒服。实际上，温度对于人的情绪是有影响的，适合的温度不仅能够让顾客心平气和，而且也能够让顾客不急于离开门店。

尤其是女性顾客，对于店内的温度更加敏感，而且她们大多数人都会因为不适应店内的温度，而中止在门店选购商品。由此可见，店内的温度也是你必须关注的事情，门店的温度适宜，会帮助你留住很多顾客。

（4）**整体气氛要适度，不要过于躁动或者兴奋**。门店的整体气氛应该与所营销的商品相符合，但是无论门店营销何种商品，店内的气氛都不要过于嘈杂，尤其是音乐的声音不要过大。

有一些门店努力想要营造很热闹、很繁荣的气氛，因此店内的气氛过于躁动或者兴奋，使得顾客进入门店之后听不见服务员说话的声音，而顾客自己说话也必须喊出来。这样的气氛是无法留住任何顾客的。

2. 拉门进来，推门出去，不超过 3 分钟

为顾客设计一条消费路线

门店不仅要想方设法让顾客走进来，而且在顾客走进来之后，门店还要引导顾客消费，最好的办法就是为顾客设计一条消费路线，让顾客按照你的意愿浏览商品。通常情况下，这一条消费路线都是门店中最经典的商品，因此成交量也会有大幅度提升。

那么，你要怎样做，才能够引导顾客消费呢？门店内部的消费路线应该如何设计呢？

（1）用货架来设计路线。由于大多数的门店面积都非常有限，因此商品货架都摆放在通道的两侧，但是这样摆放的货架无法起到任何作用。如

果商品货架可以摆放成通道的样子，那么顾客行走在货架之间，就是在浏览门店的商品。

但是运用商品货架摆放而形成的消费路线，在顾客看来还是略显生硬一些，给顾客的感觉是不这样走，就无法走出门店一样。这样的消费路线，会引起一些顾客的不满，因此门店在使用这个方案的时候，应该注意尽量避免让顾客感到不愉快。

（2）**用商品来设计路线**。比如：一家服装店把应季的精品摆放在店门口，以此来吸引更多的顾客，然后把本季的服装摆放在精品服装之后，最后摆放一些促销服装以及过季的服装。用不同类别的服装，为顾客设计消费线路。

但是运用商品设计消费路线的时候，需要遵循这两点：第一，商品摆放的前后顺序；门店需要根据目标客户群的消费习惯摆放商品。第二，商品的系列化；系列商品需要摆放在一起，才能够更好地方便顾客挑选。

（3）**用装饰来设计路线**。巧妙地用装饰设计路线，引导顾客在店内的消费。门店内部的装饰会起到一定程度的隔离作用，尤其是对于面积比较小的门店，利用装饰物隔离商品，不仅能够起到美观作用，而且也能够节省门店的内部空间。

运用装饰设计消费线路的时候，一方面要注意装饰只是商品的背景，而不能够比商品还要鲜明。另一方面装饰只是点缀而已，不需要太多太复杂，还要以突出商品为主。

（4）**用员工来设计路线**。对于店内面积比较大的门店来说，员工就是非常好的消费线路，用店面销售员引导顾客选购商品，不仅非常容易被顾客接受，而且门店会占据大部分的主动权。

店面销售员需要注意，对顾客不要过于热情，你只是在引导顾客，而不是指挥他们。店面销售员只有进退有度，热情有礼，才能够让顾客感觉舒服。

为顾客设计消费路线需要门店充分了解目标客户群以及目标客户群的消费习惯，只有这样设计出来的消费路线才能够真正起到引导顾客消费的作用。简单地说，消费路线是否有效，取决于门店对目标客户群的深入了解。

针对门店不同的情况，消费路线的设计也不尽相同，所以门店的设计方案一定要有特色，不要与同类型的门店有过多的雷同之处。

灯光、色彩与音乐，品位拉动人气

门店的品位是由灯光、色彩、音乐所拉动的，而品位又能够拉动门店的人气，对于门店来说，人气就等同于利润。因此，门店要根据自己所经销的商品特质，精心设计门店内部的灯光、色彩和音乐，将门店的整体品位提升到一个高层面上。

实际上，门店装饰的目的，就是为了营造良好的购物气氛，拉动人气，使得门店能够赢得更多的利润。

（1）灯光：白天和晚上的灯光要有区别，根据天气不同，灯光也要随时调整。门店的灯光需要将商品区与非商品区分开设计，门店入口处的灯光需要明亮一些，这样才能够烘托出门店的氛围和形象，并将你的门店与旁边的门店区别开。由于白天与晚上的日照程度不同，所以门店内部的灯光也要有所不同，同时遇到特殊天气的时候，灯光也必须要调整。

如果门店内部有玻璃货架或者试衣镜，那么就需要防止反光效果。因为如果反射光照到顾客的脸部，顾客会感觉非常不舒服。因此，门店的灯光在照射商品的时候，可以用垂直灯光，而照射非商品区的时候，可以用平行灯光。

（2）**色彩：尽量运用大块色调，色彩亮丽但是不要复杂**。门店的招牌需要使用正颜色，也就是正红、正黄、正蓝等，不要使用中间色，因为经过喷绘之后，中间色会产生一定的色差。门店中的商品都会有自身的颜色，或者是商品包装的颜色，在摆放商品时，不要将颜色一样或者相近的商品摆放在一起。

因此，门店内部的色彩需要大块色调，色彩搭配尽量不要过于复杂，因为过多的小色块，会给顾客一种杂乱无章的感觉，并且很容易引起顾客的不良情绪。还有非常重要的一点，就是要懂得在色彩之间留白，这样做能够使色彩看起来很规整、不杂乱。

（3）**音乐：门店音乐需要活泼而有内涵，千万不要过于聒噪**。门店的音乐首先要符合门店的定位，通常情况下，古典音乐和纯乐器演奏的音乐，会让顾客觉得高雅。音乐对于销售是会产生影响的，因此门店的音乐需要快、慢相结合，而音乐的音量不要太大。

慢节奏的音乐可以让顾客感觉到放松，而心情放松之后，顾客才能够安心地在门店里选购商品。当然，适度的快节奏音乐不仅能够调动顾客的购买欲望，而且也能够振奋门店员工的精神，快节奏音乐最需要注意的就是音量的大小问题。

（4）**品位：门店的品位其实就是店主的品位，而品位相同才是回头客形成的原因**。门店的品位不仅影响销售额，而且也影响门店的回头客概率。大部分的回头客都是因为与门店的品位相同，才成为门店的回头客。由此可见，门店一定要具有自身的品位，才能够在激烈的市场竞争中占有一席之地。

形象辅助品不要节省

门店形象辅助品不仅能够帮助顾客更快地了解门店，而且也能够使门店的形象立体化，因此形象辅助品必须都是精品。

有些店主认为，既然是辅助品，就没有必要花太多的钱，凑合一下就可以了。但是如果顾客看到这些粗制滥造的辅助品，又怎么可能对门店的形象给予肯定和认同呢？实际上，越是辅助品越应该精致，更何况这些辅助品代表的是门店的形象。

虽然形象辅助品只是帮助门店建立形象的，但是如果这些辅助品不够精致，那么就会直接损害门店的整体形象。因此，门店的形象辅助品必须精致、完美。

（1）形象辅助品需要精心设计。形象辅助品也是门店形象的一个重要组成部分，因此为了门店的形象考虑，辅助品也需要精心设计。形象辅助品会给顾客更直接的感受，因为门店的主体形象是相对固定的，而辅助品则会灵活一些。

因此形象辅助品不能够随便设计，需要对目标客户群进行了解和调查后，再进行合理设计，最终再确定辅助品的形态。试想一下，如果你是顾客，看到一家连形象辅助品都设计得非常完美的门店，你一定会十分信任这家门店的商品质量。

（2）为目标客户群量身打造。目标客户群是门店最重要的利润来源，因此无论是门店的主体形象，还是形象辅助品，都需要为目标客户群量体打造。比如：一家经营儿童玩具的门店，目标客户群是3~5岁的儿童，那么门店形象的辅助品最好就是品质优良的毛绒玩具，这样，不仅目标客户群会迅速地对门店产生好感，而且连家长也会对门店留下深刻的印象。

（3）**与门店的主体形象相符合**。形象辅助品一定要与门店的主体形象相符合，否则就无法起到辅助门店形象的作用。如果形象辅助品与门店形象不一致，那么顾客对门店的形象就会产生混乱的感觉，如此一来，门店就非常容易失去顾客的好感。

辅助品是为了主体形象而服务的，因此不仅要与门店的主体形象相符合，而且不能够过于鲜明和突出，防止喧宾夺主。

（4）**品质必须与门店相得益彰**。形象辅助品的品质对于门店的主体形象有非常深远的影响，如果顾客先接触的是门店的形象辅助品，那么顾客就会从辅助品的品质推断门店的品质。假设形象辅助品的品质非常差，那么顾客就会认为门店的品质也会非常差，这样的印象会导致顾客直接拒绝门店。

由此可见，形象辅助品不仅不能够节省，而且必须要与门店的主体形象、品质相吻合，在起到衬托和突出门店主体形象的同时，也能够为门店的主体形象加分。这样的形象辅助品，才能够真正帮助门店建立一个立体而完整、精致而有品位的主体形象。

维护门店环境，营造舒适消费氛围

实际上，所谓的消费氛围是看不见、摸不到的，但是如果门店的消费氛围很舒适，那么顾客就愿意在店内多待一会儿，也许就是多这么一点时间，就能够决定顾客是否与门店进行交易。相反，如果门店的消费氛围很糟糕，那么大多数顾客都会选择立刻离开门店。

那么，什么样子的消费氛围是好的呢？答案非常简单，能够让顾客放松心情，并且愿意长时间逗留的消费氛围就是好的。简单地说，就是要让顾客感到舒适、舒服。

（1）门店内部环境要整洁优雅，让顾客在视觉上感觉舒适。通常情况下，对于整洁优雅的环境，大多数人都会非常愿意接受，因为这样的环境不会给视觉造成困扰。实际上，门店的环境首先会对顾客的视觉产生作用。试想一下，如果你是顾客，一家看起来杂乱无章且非常混乱的门店，你是否会有兴趣继续逗留呢？

所以，门店内部环境一定要整洁、干净，尽量打造出优雅舒适的氛围，让顾客看后很愿意在门店中浏览商品。从门店经营的角度来说，增加顾客在门店中的逗留时间，也是增加门店利润的一个非常有效的方法。

（2）门店的音乐与店面销售的声音都要适度，让顾客在听觉上感觉舒适。门店里不能够过于安静，否则顾客会误以为门店不再营业中，同样的道理，门店也不能够过于嘈杂，否则顾客也会对门店望而却步。比如：一家音乐声音很大，而店面销售的声音更大的门店，从消费氛围上是无法吸引更多的顾客。

心理学家研究证实，适度的声音能够让人感觉放松，而放松的情绪不仅可以让顾客愉悦，而且还能够帮助门店达到成交的目的。但是，门店内部也不能够过于安静，太过安静也不适宜顾客的购物选择，而是会让顾客感到压抑。

（3）门店内部环境要轻松不压抑，让顾客在心里感觉舒适。门店的整体氛围需要活泼而不烦躁，一切以能够让顾客心里感觉舒适为主。有些员工无法看透顾客的心理需求，因此很难提供恰当的服务，无法让顾客感到放松。

实际上，只要你能够充分深入地了解目标顾客，能够换位思考，那么你一定会营造出轻松、活泼，适合顾客购物的消费氛围。

（4）**要让顾客喜欢在门店逗留，环境和人员都是氛围的重要组成部分**。维护门店的环境，最终的目的就是为了延长顾客在店内逗留的时间。试想一下，如果顾客在店内逗留时间太短，那么再好的销售方案也是无济于事的。因此，要设法把进门的顾客留在门店里，进而让他们愿意选购门店中的商品。

顾客在门店中逗留时间的长短，直接影响门店的商品成交量和销售额，要想让顾客愿意在你的门店里选购商品，那么你的门店给顾客的感觉必须是舒适的。只有舒适的消费氛围，才是最好留住顾客的方法。

总而言之，门店内部的环境必须要保持清洁、雅致，除了以上几个方面之外，门店还需要保持良好的通风，不要有任何不好闻的气味。

3. 转来转去，就是没下单

对商品进行归类陈列

商品的陈列方法有很多种，其中归类陈列法，对于门店来说是非常好的方法。一方面商品归类陈列可以使店面显得整洁、有秩序；另一方面系列商品一同陈列，也能够让顾客一目了然，更快找到自己想要购买的商品。

实际上，顾客在门店内转来转去而没有下单的原因，也许并不是顾客没有中意的商品，而是顾客还没有找到自己需要的商品。当顾客失去寻找商品的耐心时，就是顾客放弃在门店购物的时候，因此从门店经营角度上来说，商品归类陈列也是吸引顾客购买的方法之一。

门店商品归类陈列有很多方法，最常用的、效果比较好的方法有以下的几种：

第一种归类陈列法：按照商品的用途归类。这是一种最为常用的商品归类陈列法，大多数门店都会应用，尤其是超市、食品店、粮店等。如果门店经销的商品种类很多，用途不一的时候，按照商品的用途归类，可以节省顾客寻找商品的时间，在一定程度上提高了门店的成交量。

第二种归类陈列法：按照商品的价格归类。有些门店所经销的商品分为高、中、低三档，这样的门店比较适合运用商品的价格来归类。比如：服装店、皮包店、饰品店等。

当门店在促销商品的时候，也可以运用价格归类法，把促销的商品摆放在一起。这样做既能够让顾客集中挑选促销商品，也能够为门店营造畅销的人气。

第三种归类陈列法：把主打商品摆放在最显眼的地方。将属于同一个系列的商品陈列在一起，本身就能够起到吸引顾客注意力的目的，因此把门店的主打商品摆放在最显眼的地方，就更能加强吸引顾客的作用。如此一来，顾客进入门店时第一眼就能够看到门店的主打商品，再加上店面销售员的推销，就更容易让顾客做出购买决策。

门店每一个月的主打商品都是不同的，因此门店的陈列必须及时变动。从顾客的角度来看，一家商品陈列总是不变动的门店，不仅没有新鲜感，也会失去足够的吸引力。

对门店商品进行归类陈列的两点益处就是：第一，让门店的环境保持整洁、清洁；第二，让进入门店的顾客能够很快地找到自己需要的商品，或者用最短的时间弄清楚门店的主打商品。这两点对于门店的成交量都有非常大的帮助。

各陈列之间留出恰当的空间

门店商品在陈列的时候，最忌讳把商品摆放得太满，陈列和陈列之间没有留出足够的空间。如此拥挤的陈列不仅让顾客没有办法挑选商品，而且也让店面销售无法开展工作。陈列挨着陈列会让顾客感觉“乱”，大多数顾客在感觉“乱”的时候，都会选择在第一时间离开门店。

如果门店有足够的空间，各陈列之间就能够留出恰当的空间。但是对于门店面积比较小的门店，在陈列商品的时候就要讲究方式方法，用有限的空间给顾客营造出最适宜的购物环境。实际上，这些陈列的方法，也适用于店面面积比较大的门店。

（1）**将商品陈列成图形，利用边角的空间**。商品摆放成图形的时候，能够充分利用边角的空间。实际上，不是每一家门店的户型都是非常规整的，对于不规整的户型，门店也需要想办法充分利用边角的空间。在充分利用边角空间的同时，也能够为商品的陈列留出恰当的空间。

利用门店边角的空间陈列商品，不仅要讲究美观度，而且也要注意所陈列的是何种商品。比如：门店的主打商品就不适合运用边角陈列。陈列在边角里的商品，为了能够吸引顾客的注意力，最好的方法就是摆放成好看或者新鲜的图形。

（2）**将相关商品陈列在一起，让顾客产生联想**。把彼此有关联的商品陈列在一起，比如：服装门店可以将服饰成套陈列，或者超市可以将日用产品陈列在一起。这样陈列商品，不仅能够让顾客在选购商品的时候，可以从容地挑选，还可以让顾客产生联想，增强其购买的欲望。

（3）**运用塔形陈列方法，将应季商品单独陈列**。门店将应季商品单独陈列，可以利用平时不用的空间，比如：夏天的时候，超市可以把夏季的用品用塔形陈列的方法，陈列在超市的进口处。

这样的陈列方法，不仅可以利用平时无法利用的空间，而且因为是应季商品，也不会让顾客感到不满意或者不舒服。这样，即利用了有效的空间，又能够在各个陈列之间留出恰当的空间。

（4）将商品直线摆放，用最简单的方法陈列。从商品陈列的角度来说，最简单的陈列往往是效果最好的。尤其是对于面积小的门店，将商品陈列成直线，不仅能够节省门店的空间，也能够给顾客留出充分的购物空间。

陈列之间的空间一方面要充足，另一方面也要巧妙，因为留出空间是必须的，而如何留出足够的空间就需要想办法了。总而言之，陈列之间的空间无论是对门店，还是对顾客都是非常有必要的，因为这些空间与门店的销售额是紧密相关的。

实际上，对于门店的商品陈列，作为店主的你应该用顾客的身份参观一下自己的店面，那么你就会找到需要改进的地方了。

陈列面积并不是越大越好

门店的商品陈列一方面需要体现出门店的主题，另一方面要体现出门店的品位，所以并不是商品陈列得越多越好，更不是陈列面积越大越好。相反，如果盲目地扩大陈列面积，结果往往会适得其反。

道理其实非常简单，一家门店的陈列面积非常大，但是没有任何的美观度，也不能够传递给顾客任何有效的信息，顾客当然不会买账。无论装修多么豪华的门店，都只能够给顾客一种低档次的感觉。

那么，门店的陈列面积究竟多少才合适呢？答案需要你综合以下几个方面来考虑：

（1）**门店内部的实际应用面积**。陈列面积应该与门店内部实际应用面积成正比例，因此在布置门店陈列的时候，你必须要注意门店的建筑面积和使用面积的区别。简单地说，陈列面积不能根据门店的建筑面积来算，而根据使用面积来算。

门店内部的陈列面积的最佳比例是占使用面积的60%左右，具体比例还需要根据门店的其他条件具体分析、决定。

（2）**门店目标客户群的消费习惯**。门店商品陈列面积要与目标客户群的消费习惯一致。如果目标客户群喜欢密集选购商品，那么门店商品的陈列面积可以大一些。相反，如果目标客户群的购物习惯是闲逛或者精挑细选，那么门店商品的陈列面积就需要相对小一些，要留出足够的空间给顾客。

因此，深入了解门店目标客户群的消费习惯，也是决定商品陈列面积大小的关键因素之一。

（3）**门店的整体外部形象和品位**。门店的商品陈列面积与门店的形象和品位息息相关，比如：门店的形象很高档，那么只需要陈列经典商品就可以了；门店的形象很大众，那么普通商品陈列面积就可以大一些。

（4）**门店经销的商品种类和类别**。门店所经销的商品不同，那么陈列面积自然也会不同。比如：一家高档的时装店的陈列面积，不能过于密集，否则顾客就会对门店的商品质量产生怀疑。而一家普通超市的陈列面积不宜太小，否则顾客就会认为门店内的商品储备不足。

（5）**门店本季的主题和主打商品**。通常情况下，大多数门店会按照不同的季节采取不同的主题，推出不同的主打商品，而陈列面积的大小也与主题和主打商品相关。实际上，从门店经营角度来看，陈列面必须突出门店的主题与主打商品，这样才能够使门店的销售具有针对性，进而提高门店的销售额。

总而言之，门店商品的陈列面积不是越大越好，自然也不是越小越好，而是要根据门店自身的实际情况，综合各方面因素，选择最适合门店的陈列面积。

陈列高度要适中

门店商品的陈列高度不仅要方便顾客选购商品，也要配合商品陈列的美观度。试想一下，如果门店商品陈列太高，一方面顾客也许会因为够不着，或者看不到而放弃对商品的浏览；另一方面商品陈列太高，也会不安全。

相反，如果门店商品陈列太低，也是不利于顾客选购商品的，还会影响美观度，让顾客认为陈列在低处的商品也许是残次品，也许是断码商品，因此会非常不利于商品的销售。

那么，商品如何陈列才是合适的高度呢？你应该从以下几个方面来进行衡量：

（1）根据商品的特性决定陈列的高度。门店经销的商品不同，因此陈列的高度也是不一样的。比如：经销灯具的门店，因为灯具的特性，所以陈列就会高一些，如此才能够充分显示出灯具的外观和性能。

准确地说，陈列在什么高度才能够突出商品的特性，那么商品就要陈列在这样的高度上。根据商品特性的不同，门店需要把商品陈列在最能够显示商品特性的高度上。

（2）根据商品的主次决定陈列的高度。门店主要推销的商品，应该陈列在与顾客平行视线相同的高度。这样，顾客才能够一眼就看见门店的主打商品，从而加深顾客对商品的印象，提高商品的成交量。

（3）**根据门店的内部装饰决定陈列的高度**。门店内部的色彩、灯光以及装饰都是商品陈列高度的重要参照系数，如果商品的陈列高度与门店内部的整体环境和氛围不相符，顾客就会从感觉上排斥这家门店，然后离开门店。

比如：门店的吊顶很低，商品陈列的高度与吊顶之间没有足够的距离，那么顾客就会觉得压抑，感觉商品随时都会掉下来一样。

（4）**陈列高度需要充分考虑安全性**。商品陈列的高度一定要符合安全的要求，既不要因为追求陈列效果而堵住安全通道，也不要为了吸引顾客的注意力而随意地提高商品陈列的高度。任何不安全的陈列，都应该立刻纠正和停止。因为门店只有安全经营，才能够避免不必要的损失。

（5）**陈列高度必须方便目标客户群的选购习惯**。门店目标客户群的选购习惯，也是在商品陈列时必须考虑的重要因素。比如：有些顾客喜欢挑选与视线平行的商品，有些顾客愿意挑选视线以下的商品，也有些顾客愿意挑选高处的商品。因此门店可根据目标客户群的选购习惯，决定商品陈列的高度。

总而言之，商品的陈列高度取决于多种因素，最合适的高度就是能够全面展示商品的高度。

陈列形态不是只有美就可以

门店陈列商品最终的目的是为了把商品卖给顾客，那么陈列的形态不仅要美观，更要让顾客能够用最快的速度、最准确的视角看到商品的优势，了解商品的基本情况，从而增加顾客购买商品的可能性。

如果商品的陈列形态只注重美观，顾客也许会被外在的美观而吸引，从而忽略了陈列商品本身。因此商品的陈列形态不仅要美观，更要能充分吸引顾客的注意力。有些时候，美观的形态对于商品来说，反而会成为销售的阻力。

那么，商品的陈列要呈现出怎样的形态，才是最理想的呢？你可以遵循以下几个原则：

（1）**重要商品信息让顾客一目了然**。商品陈列的首要原则就是让顾客了解商品信息，比如：商品的名称、用途、产地、成分等。因此商品的陈列形态一定要把这些重要信息展现出来，让顾客一目了然。

这样，顾客才能够决定是进一步了解此商品，还是要选购其他商品。这样做不仅能够节省顾客的选择时间，也能够提高门店的销售效率。

（2）**让顾客看到商品最突出的特质**。陈列形态必须突出商品的特质，比如：雪纺纱的裙子特质是轻薄透气，垂感很好，陈列形态就应该是挂在货架上或者穿在模特身上，而不是堆放在平面上。

如果陈列形态不能够体现商品的特质，那么门店的销售额就会受到一定程度的影响。

（3）**系列商品巧陈列，增加商品的可购性**。将商品系列陈列，这样做一方面可以让顾客快速了解商品性能，另一方面也能够起到促销商品的作用。比如：将服装和服饰搭配着穿在模特身上，那么有些顾客在选购上衣的同时，也会选购模特身上搭配的裤子、鞋子、饰品。由此可见，商品的陈列形态可以增加商品的可购性，也能够提高顾客的购买欲望。

（4）**用商品陈列出门店的形象和气质**。从商品的陈列形态中，顾客能够看到门店的形象和气质。就像从一个人的着装上，可以看出这个人的修养和气质。因此，门店所有陈列出来的商品，都必须干净、整齐。试想一下，如果你是顾客，你是不可能购买不整洁且随意堆放的商品的。

（5）用陈列形态激发顾客购买商品的欲望。商品陈列形态最好能够激发顾客的购买欲望，比如：陈列形态可以有趣味性、故事性，让顾客不仅看到了商品的特质，更可以感受到购物的乐趣。

Chapter 5

门店销售管理：

刷新理念，销售标准化

门店的销售管理最忌讳的就是理念陈旧。在竞争激烈的市场上，销售理念的更新是十分快速的，你必须要用最新的销售理念来武装你的门店。

为了让门店能够有更好的发展，赚更多的钱，除了要不断更新你的销售理念之外，还要制定好销售目标。

没有销售目标的门店，也就没有了前进的动力，门店不仅无法获得更高的利润，而且还会阻碍门店的发展和壮大。由此可见，销售理念和销售目标对于门店的销售是至关重要的。

1. 刷新门店销售理念

业绩要和销售预算及毛利率挂钩

随着市场的竞争越来越激烈，区域商圈中同类型门店之间的竞争也越来越激烈，而门店的内部也存在着激烈的竞争关系，尤其是在门店导购之间，这样的竞争就更加白热化了。这样的情况给门店管理者提出了一个全新的难题："如何在提高门店销售额的同时，也能够让门店导购之间处于良性竞争的状态呢？"

要想回答这个问题，门店管理者首先必须更新门店的销售理念，因为旧的销售理念已经完全无法适应现代社会的市场竞争。门店导购的能力和工作热情，不仅关系到门店的利润，更加关系到门店未来的发展，所以对门店导购的相关待遇，门店管理者必须要慎之又慎。

实际上，解决问题的根本就在于保证门店导购的业绩与销售预算、销售毛利率挂钩，使门店导购在获得应得利益的同时，也能够与门店保持良好的合作关系。

（1）**业绩考核需要参照多种指标**。业绩的考核除了要与销售预算、毛利率挂钩之外，还需要参照多种指标，比如：销售额、成交量、费用额、增长率等。在制定业绩考核标准的时候，一定要充分考虑区域商圈中的各种因素。同时，门店需要做到与店面导购共同承担风险，使店面导购觉得，门店是值得信任和付出的。

（2）**制定明确的销售预算和毛利率**。要想获得具有可持续性的业绩，门店的销售预算与毛利率则要明确，还需要获得门店管理者和导购的一致认同。销售预算和毛利率就是门店所指定的业绩目标，这个目标必须得到大多数人的认同，这样才能够最大限度地完成目标。

（3）**目标需要既有挑战性又能够实现**。业绩目标需要具有挑战性，这样才能够激发门店导购的积极性，使他们能够用最好的状态进行工作。但是业绩目标也得合理，不能让门店导购认为是无法完成的，要让门店导购明白，目标是能够完成的，但是需要他们加倍努力工作。

（4）**业绩属于个人，更属于整个团队**。业绩的考核最忌讳只考虑个人，而忽视整个团队。作为门店的管理者，你需要在制定个人业绩目标的同时，也制定团队业绩目标，团队业绩目标需要在个人业绩目标之上。只有这样，才能够从根本上为门店打造既有竞争又有合作的工作氛围。

（5）**完成期限明确，遇到特殊情况可以调整**。无论是业绩，还是销售预算、毛利率的完成期限都必须明确。但是也要做到具体情况具体分析，如果出现不可抗力，则应该进行调整。

（6）**计算必须简单，让每一个人都心中有数**。销售预算和毛利率的计算一定要简单，让每一个门店导购都可以计算出自己的业绩，这样，导购才能够在工作中做到心中有数。

为顾客选择商品，而不是把商品硬塞给顾客

随着社会的发展和个人消费理念的更新，直接把商品卖给顾客的旧式销售方式，已经无法满足现代社会的市场和顾客了。门店导购应该留出足够的空间，让顾客自己挑选商品，门店导购只需起到引导消费的作用。

也就是说，门店导购不要向顾客进行硬性销售，要让顾客在购物的过程中，听取门店导购的建议之后，做出属于顾客自己的购物选择。在这个过程中，门店导购需要一定的销售技巧，既不能够一言不发，也不能够让顾客完全按照自身的意思选购商品。可以参考以下几点建议：

（1）**让顾客接受导购的消费观念**。消费观念在一定程度上影响着顾客对商品的选择，门店导购一定要懂得最新的消费观念，用自身的消费观念去影响顾客。

（2）**提高导购自身的销售知识和素质**。要想让顾客同意门店导购的观念，门店导购就必须要不断地更新销售知识，提高自身的销售素质。实际上，门店导购是一个非常需要技术和技巧的工作，无论从知识上、谈吐上，还是从修养上、素质上，门店导购都要严格要求自己。因为门店导购的整体素质，不仅会直接影响顾客，更会影响门店的销售业绩。

（3）**对顾客进行针对性的销售服务**。顾客不同，门店导购的销售方式也必须是不同的。销售必须有针对性，这样才能够保证销售的成功率。比如：对待不同年龄层次的顾客，门店导购所用的语言、知识等都需要有变化。针对不同性格的顾客，门店导购要学会快速了解其基本情况，从而找

到顾客性格上的突破口。

（4）**适时、适度地接近顾客**。当顾客进入门店之后，门店导购先不要急于和顾客搭讪，而是要细心地观察顾客的举止和服饰，在获取顾客的一些信息之后，门店导购再适时、适度地接近顾客，这样就能够起到事半功倍的效果。在接近顾客的过程中，门店导购需要随时观察顾客，既不要过于亲密，也不要让顾客觉得疏远。

（5）**进行有效的商品介绍**。有效的商品介绍不仅能够激起顾客的购买欲望，而且也能够拉近门店导购和顾客之间的距离。门店导购对于商品的介绍要做到有的放矢，不仅要从顾客的需求出发，而且也要将商品的特质介绍清楚。这样才能够在引导顾客消费的同时，也能够让顾客对商品有具体、实际的了解，为顾客选购商品提供最好的服务。

（6）**增加顾客对导购的信任度**。门店导购的知识、态度、外貌、语言等都能够增加顾客对自身的信任度。信任度在顾客和门店导购之间是非常重要的，如果顾客对门店导购没有足够的信任度，那么门店导购说的任何话都不会起到任何作用，而且顾客也会对门店导购的服务视而不见。因此门店导购要想方设法增加顾客对自身的信任度。

了解顾客的消费心理

顾客的购物行为受到自身消费心理的支配，因此门店管理者必须要深入了解顾客的消费心理。顾客因为年龄、性别、性格的不同，消费心理也会有非常大的差别，但有些消费心理还是相通的，比如：重视性价比、实用性、追求时尚等。

门店管理者和导购需要从这些相同的消费心理中分析出不同顾客的

不同消费心理，并运用到实际的门店销售中，以提高门店的销售额和成交量。

（1）**不同年龄顾客的消费心理**。对于同一种商品，不同年龄的消费者会有不同的消费心理。比如：儿童比较注重商品的外观和色彩；少年朋友不喜欢被束缚，他们渴望独立购物和做出决定；青年朋友对商品的选购是多变的，他们非常容易受到外来因素的影响；中老年朋友有比较固定的消费习惯，他们更多看重的是商品的材质和质量。

针对不同年龄顾客的消费心理，门店需要制定出具体的措施，使门店导购能够有的放矢地进行服务。

（2）**不同性别顾客的消费心理**。女性与男性之间原本就存在着非常大的心理差异，在消费心理方面，女性和男性之间更是具有非常多的不同特点：

①男性的消费心理特点：对于男性顾客来说，他们的消费动机非常明确，在选购商品的过程中，很少会出现犹豫。一般情况下，男性顾客对商品的细节不太挑剔，但是对于商品的功能、特性却是非常重视的。男性顾客认为购物就是购物，他们不喜欢联想、幻想，购物中的感情色彩比较淡薄。

②女性的消费心理特点：女性顾客在购物的过程中，购物的动机比较多变和主动，而且女性对于购买的商品具有非常强烈的感情色彩，同时，女性在选购商品的时候，非常容易受到外界因素的影响。通常情况下，女性的消费心理具有不确定性以及非常注重商品细节和外观的特点。

（3）**不同性格顾客的消费心理**。顾客的性格也是影响消费心理的重要因素之一。性格不同选择自然就会不同，而门店导购必须要根据顾客的性格，采取有针对性的导购服务，这样才能够成功引导顾客进行消费。

①外向型性格的顾客：外向型性格的顾客在购物的过程中愿意提问，而且表现得非常愿意沟通。外向型性格的顾客往往很愿意接受门店导购的建议，而且在交流方面也不存在障碍。他们的消费心理比较轻率，很容易作决定，而且他们更注重满足自我的内心。

②内向型性格的顾客：内向型性格的顾客不会轻易地相信门店导购，他们对商品有自己的意见和选择，因为内向型性格的顾客更愿意相信自己的判断和分析。虽然内向型性格的顾客不善于沟通，但是门店导购还是应该尽量与他们进行沟通，一旦能够得到内向型性格顾客的认同，他们还是非常愿意听取你的意见的。

2. 新顾客如何成交

导购技巧娴熟到位

门店导购对于门店经营来说是非常重要的，如果门店导购的技巧不够娴熟，则很可能会失去和新顾客成交的机会。相反，如果门店导购有娴熟的销售技巧，新顾客的成交量则会有大幅度的提高。

导购的销售技巧很多，要想娴熟掌握这些技巧，门店导购就必须做好以下工作：

（1）**导购语言与艺术性的训练**。导购与顾客之间最重要的沟通工具就是语言，导购的语言不仅要得体，更要具有一定的艺术性。

导购和顾客之间是陌生的，只有正确运用好语言，才能够让顾客愿意信任导购，并且愿意接受导购的销售行为。反之，如果导购的语言不能够打动顾客，那么很可能会引起顾客的不良心理反应。

（2）**询问顾客的各种技巧**。导购要想引导顾客消费，就必须要了解顾客的消费动机以及消费心理，你可以对顾客进行询问。实际上，从询问中导购可以获得很多关于顾客的信息，为进一步销售打下良好的基础。

导购的询问不要引起顾客的不适感，因此询问时导购要仔细、谨慎。导购可以运用各种询问技巧，比如：间断提问，问题需要从易到难，在询问的过程中了解顾客的消费心理等。总之，导购的询问是为了引导顾客的回答，进而达成引导顾客购物的目的。

（3）**做一个懂得倾听的导购**。导购最容易犯的错误就是只会说，不会听。实际上，做会说的导购并不难，难的是做一个会听的导购。倾听的能力对于导购来说非常重要，一方面导购要能够听懂顾客的需求，另一方面导购也必须要听懂顾客的购物动机以及主要消费心理等。

（4）**懂得适时、适度地赞美顾客**。优秀的导购都懂得如何赞美顾客。适时、适度地赞美顾客，不仅能够快速拉近导购与顾客之间的距离，而且也能够使顾客更加愿意听取导购的消费意见。

（5）**积极促进顾客的购物进程**。如果顾客的购物进程一旦出现停顿，则很可能是顾客的购物动机发生了变化，这个时候导购需要及时而积极地促进顾客的购物进程。这样不仅可以打消顾客部分的消费顾虑，也能够促使顾客尽快地完成购物。但是在促进顾客购物进程的时候，导购一定不能够表现出不耐烦、迫不及待的态度，千万不要引起顾客的误解和反感，否则就会适得其反。

（6）**服务态度保持始终如一**。导购的服务态度和标准不能够因为顾客的购物决定而发生改变，有些导购一旦发现顾客没有购物的打算，态度马上变得很冷淡，而且也不再提供任何服务。这样的导购不但是把顾客向外推，而且也严重影响了门店的形象和信誉。对于这样的导购，门店必须要严肃处理。

突出品牌价值

门店管理者必须要让导购清楚，导购是门店形象的重要组成部分，也是品牌价值的重要组成部分。要想充分突出品牌的价值，导购就必须要认真负责地工作。

通常情况下，顾客都是先注意品牌，再注意门店的，因此导购需要在顾客选购商品的过程中，进一步突出品牌的价值。即使门店所经营的品牌不是大品牌，导购也必须让顾客了解品牌的价值。总之，不要让顾客认为"这个品牌没什么名气"，而是要通过导购的介绍和服务，让顾客认为"原来这个品牌这么有名气，看来是我不知道而已"。

那么，要如何突出品牌的价值，促使顾客完成购物呢？门店导购应该从以下几个方面进行介绍和服务：

（1）**导购对门店品牌需要深入地了解，并且有自己独特的见解**。要想让顾客知道品牌的价值，导购必须对门店品牌有深入的了解，拥有自己独特的见解，尤其是对品牌的由来、历史以及品牌理念等，都需要融入自身的理解。只有如此，导购在销售的过程中，才能够把自身对于品牌的理解，自然传递给顾客。

（2）**不要向顾客宣传品牌，而是要让顾客自己认识品牌**。无论门店品牌有名气还是没名气，导购都不要向顾客宣传品牌，而是要让顾客在选购商品的过程中通过导购的语言和服务自己去认识品牌。因为只有自己认识的品牌，才能够长久地记住，并且愿意再一次选购这个品牌的商品。

（3）讲述一些关于品牌的故事，比较容易打动女性顾客。对于女性顾客而言，导购可以在适当的时机里，讲述一些关于品牌的小故事。因为心理学家研究证实，女性的思维方式比男性的要感性，对于故事的接受能力非常强，所以品牌的故事有利于女性顾客对品牌的记忆。这些关于品牌的故事一定要真实、短小精悍。

（4）用品牌的宗旨为顾客服务，让顾客深入了解品牌。导购必须提供让顾客满意的服务，而在服务的过程中，导购需要让顾客明白，“我的服务就是我们的品牌宗旨。”这样，顾客才会对品牌留下良好的印象，从而有深入了解品牌的想法。因此，导购在进行销售的时候，才能够掌握主动权。

（5）品牌的质量和产地透明化，增加顾客对品牌的信任。无论品牌的故事多么动听，品牌的宗旨多么动人，最终都必须要落实在品牌的质量和产地上。导购不要让顾客觉得品牌只有一些虚幻的、看不见摸不到的东西，而没有一些实实在在的信息。因此对于品牌的各种信息，导购要明确对顾客说清楚。

（6）品牌的价值来自于综合因素，提高品牌在顾客心中的位置。导购最忌讳把品牌说得“神乎其神”，让顾客觉得“这个导购真能吹牛”。最聪明的导购会将所有关于品牌的综合信息，润物细无声地传递给顾客，不仅加深顾客对品牌的认识，也能够有效地提高品牌在顾客心目中的位置。

强化服务，让顾客买个舒心

导购为顾客提供的服务是非常重要的，如果导购所提供的服务，无法满足顾客的需求，或者无法及时解答顾客的问题，顾客则有可能会放弃这一次的购物。实际上，门店导购是接触顾客的第一人，导购的一举一动都关系到门店形象，因此导购为顾客提供的服务就是门店最好的宣传广告。

门店不仅要让顾客买到满意的商品，更要让顾客的购物过程变得愉快而舒心。心理学家认为，人总是会愿意记住愉快的事情。当顾客在你的门店有愉快而舒心的购物经历之后，他们很容易记住你的门店，并且成为门店的回头客。

（1）**提高导购的服务意识，让导购懂得换位思考**。每一个人所处的位置不同，看到的事物自然就会不相同。因此导购和顾客之间就存在着认知的不同。要想提高导购的服务意识，就必须要让导购学会换位思考，让导购把自己当成顾客，想一想自己是顾客时，需要怎样的服务。经过换位思考之后，导购自然就会明白顾客的心理，在今后的销售服务中，也能够很好地体谅顾客。

（2）**细致耐心地对待顾客，把顾客当成自己的朋友**。通常情况下，顾客都会货比三家，而且很多顾客都会询问导购很多问题，有些问题甚至会让导购感到非常尴尬。面对顾客这些询问的时候，导购需要耐心和细致，要把顾客当成自己的朋友。从心理上来说，如果顾客与导购之间是朋友关系，导购则很容易接受顾客的一些过度行为，并努力帮助顾客解决问题。

（3）**认真体察顾客需求，为顾客提供有效的商品信息**。聪明的导购都会先观察顾客的需求，然后再向顾客推荐商品。因为知道顾客的需求之后，导购才能够提供有效的商品信息，否则，顾客会把导购的推荐视为多余。因此对于导购来说，真正有效的服务都是有针对性的，观察顾客需求的过程，也是与顾客交流的最佳时机。

（4）保持服务的热情度，始终如一对待顾客。导购在服务的过程中，最不能够犯的错误就是忽视、冷淡顾客。有些导购会因为顾客“看上去不像要购买商品的样子”或者“他只是随便看看而已”而忽视、冷淡顾客。还有些导购会在确定顾客没有购买意向之后，立刻就冷落顾客。这样的导购都是不合格的，也严重影响了门店的经营。

无论面对任何顾客的时候，导购都必须始终保持最热情、最专业的服务，使顾客买与不买都感到愉快、舒心。

（5）积极正面与顾客沟通，与顾客保持良好互动。每一个顾客的性格都是不同的，有些顾客愿意与导购沟通，有些顾客则不愿意与导购沟通。无论导购面对的顾客是否愿意沟通，导购都必须要与顾客进行良好的互动。因为只有有效的沟通，才能够让导购获得顾客的信任，进而向顾客传递商品的有效信息，向顾客提供更多的相关服务。

提升性价比，让顾客痛快掏钱

商品的性价比是可以改变的，有些人认为商品的性价比是固定值，实际上，门店可以通过自己的特色经营和服务提升商品的性价比。性价比越高的商品，顾客就会越痛快地掏钱购买。

在门店经营的过程中，提升性价比的方法有很多，以下几点比较实用：

（1）提高门店的装修等级，完善门店的整体形象。一家装修马虎陈旧的门店，不可能让顾客觉得“物有所值”。实际上，门店的装修就是门店的形象，而顾客也会以门店装修的优劣来判断门店的优劣。越是装修精致、有品位的门店，越能够让顾客觉得“物有所值”，因此装修是可以提升性价比的要素之一。

（2）**商品质量为第一要素，提升品牌的知名度**。顾客进入门店就是要选购商品，门店的一切设施、人员都是为了销售商品而服务的，因此商品的质量是第一要素，门店必须在确保商品质量的同时，用各种宣传手段提升品牌的知名度。

（3）**价格定位必须准确，但是降价不是最终办法**。门店商品的定价基于很多因素，最重要的因素就是市场，但是市场有时候会具有很强的欺骗性，门店需要在看懂市场的基础上，为商品定出准确合理的价格。现代激烈的竞争机制，往往会让门店做出降价的决定，实际上降价在短时间内会起到很好的促销作用，但是解决问题的关键不是降价，而是提高性价比。

（4）**门店需要优质服务，用服务留住最挑剔的顾客**。对于门店经营来说，优质的服务永远都不会嫌多，而对于那些比较挑剔的顾客来说，只有高质量的服务才能够留住他们，使得他们与门店之间达成购买意向。同时，优质的服务也会使顾客认为，在门店中的消费物有所值，甚至是物超所值。因为优质的服务不仅能够让顾客愉快地购物，更可以树立门店的良好形象，这两点正是提高性价比的重要因素。

（5）**提高团队的专业素质，向顾客传递及时、有效的信息**。门店团队成员的专业化程度，不但能够提高门店的品质和规格，而且更能为门店中的商品提高性价比。

“专业”两个字在顾客的心目中是非常重要的，每一个顾客都愿意与专业性很强的导购沟通。通常情况下，只有专业的导购才能够与顾客建立良好的互动，最终促成销售。

（6）**打造门店正能量，让顾客爱上你的门店**。门店中的氛围必须是蓬勃向上的，让顾客进入门店之后就能够感受到正能量。试想一下，如果你是顾客，你会不会光顾一家让人觉得窒息、压抑的门店呢？答案一定是否定的。要想让顾客成为门店的回头客，门店就必须打造一个活泼、优雅，并且充满了正能量的消费氛围，使顾客愿意不止一次地光顾你的门店。

总而言之，性价比不仅仅是价格上的比拼，更是门店综合实力的比拼，要想提高性价比，门店就必须全方位提高自身的能力和实力。

3. 如何让顾客回头再来

不要让服务在成交后终止

对于门店来说，服务必须是有延续性的。简单地说，顾客在成交前、成交中、成交后所获得的服务都必须是一致的。有些门店认为，只要顾客完成与门店的交易，门店的服务就可以终止了。实际上，这样的想法一方面会造成顾客“人走茶凉”的印象，另一方面也会降低门店的日常成交量。

那么在顾客与门店成交之后，门店还能够做什么呢？

（1）导购要对顾客进一步传递商品的信息。在顾客决定购买商品之后，导购还需要对顾客进一步传递商品信息，比如：在商品的使用中，顾客应该注意哪些问题，还有当商品出现问题的时候，顾客需要怎样处理，等等。这些商品信息的传递会让顾客产生一种安全感，让顾客对门店和导购产生好感，顾客会认为“这家门店是非常负责任的”。有了如此良好的印象，顾客自然会成为门店的回头客。

（2）**导购需要继续与顾客交流，不让顾客感觉被冷落**。当顾客决定购买商品之后，导购不要终止与顾客的交流，而是应该继续与顾客沟通。这样，顾客才不会产生被冷落的感觉。试想一下，如果你是顾客，当你选购商品的时候，导购不断地与你交流，而当你购买之后，导购就不再理你，你的心里一定会想“真是太现实了”或者“这个导购太不专业了”，也许下一次你就不会再光顾这一家门店了。

（3）**必要时，门店可以送货上门，并负责安装调试**。送货上门的服务一方面取决于门店所经销的商品，另一方面也取决于顾客的需要。无论是哪一个方面，门店都需要提供优质的送货上门服务。

送货上门的服务绝不是把商品送到顾客指定的地址之后，就算完成工作了。送货上门的服务还需要进一步为顾客安装调试商品，在确定顾客可以顺利使用商品之后，送货上门的服务才算是真正的完成。

（4）**建立顾客联系系统，对每一个顾客进行回访**。门店必须要珍惜每一个与门店成交的顾客，并建立顾客联系系统，不但要对每一个顾客进行回访，而且也要随时让顾客了解门店的现状和动态。

顾客联系制度是双方向的，门店需要让顾客随时都可以知道门店的新商品和新动向，而顾客则可以趁此机会更深入地了解门店。

门店与顾客之间双方向的沟通，才是真正地建立联系，而这种联系对于门店来说是赢得利润的最佳途径之一。

（5）**即使顾客再无购物记录，门店也需要与顾客保持商业联系**。有些顾客在门店里只有一次购物记录，门店对这样的顾客也不能够轻易放弃，还是需要与顾客保持商业联系。这种商业联系门店必须把握一个“度”，衡量这个“度”的标准就是：不要打扰顾客正常的生活和工作。

总而言之，门店对于顾客的服务应该是无处不在的，只要门店用心对待顾客，顾客成为回头客的概率就会大幅度提高。

品牌忠诚是最好的忠诚

门店不仅希望顾客能够成为回头客，而且更希望回头客能够长时间地关注门店。要想做到这一点，门店就必须要把顾客对门店的忠诚，转变为对门店品牌的忠诚，因为只有品牌忠诚才是最好、最长久的忠诚。

所谓的品牌忠诚是指顾客对某个品牌有偏向性的（而非随意的）行为反应。如果顾客形成了品牌忠诚，那么在选购同类型商品的时候，顾客只会选择自己喜欢的这个品牌。

那么，门店要如何培养顾客对品牌的喜爱和忠诚呢？你需要做好以下几个方面的工作：

（1）做好品牌的推广工作，让更多顾客认识品牌。门店对品牌的推广应该是长期的、持续的，而不应该是一时的、间断的。有些门店只在促销期间才宣传品牌，甚至门店内部的导购对品牌都不是非常了解。在这样的情况下，顾客对品牌的认知度和认同度都会非常有限，因此也无法对品牌产生忠诚。

（2）及时更新品牌商品，不要让顾客产生审美疲劳。同一个品牌的商品在一段时期内，难免会有雷同的设计和功能，门店必须及时更新品牌商品，让最新的商品出现在顾客的面前，防止顾客对品牌商品产生视觉、审美方面的疲劳。归根究底，品牌还是要靠商品来吸引顾客，说服顾客，使顾客对品牌产生信任，进而提升对品牌的忠诚度。

（3）**提供全套品牌服务，让顾客充分信任品牌**。服务质量之于品牌是不可缺少的，不仅如此，服务还能够提高品牌的性价比和知名度，让顾客从喜欢品牌到非品牌不可。实际上，任何品牌在顾客心目中的地位都是差不多的。要想让顾客对品牌产生忠诚度，门店就必须在服务上精益求精，为顾客提供优质的服务，让顾客在信任门店的同时，也能够对品牌产生很强烈的信任感。

（4）**与顾客进行有效沟通，让顾客对品牌产生感情**。顾客在使用品牌的过程中，导购需要与顾客进行有效沟通，发现问题并及时地解决问题，如此一来顾客才能够从信任品牌到喜爱品牌，进而才会对品牌产生感情。一旦顾客对品牌有了感情，品牌就会成为顾客的朋友，成为他们生活中不可或缺的一部分。这样顾客对品牌的忠诚度自然也就提升了。

（5）**让顾客深入了解品牌，并且以使用品牌为傲**。门店不仅要让顾客使用品牌，也要让顾客深入了解品牌的文化、背景、经营理念以及与品牌相关的故事和内容，使顾客在使用品牌的同时，也能够最大限度地认同品牌，并且以使用品牌为傲。如此一来，品牌忠诚才能够深入顾客之心。

总而言之，培养顾客对品牌的忠诚，门店才能够在激烈的竞争中脱颖而出，成为区域商圈中的佼佼者，成为最赚钱的门店。

过硬的质量是绝对的口碑

门店究竟要靠什么才能够树立正面而积极的形象呢？又靠什么赢得顾客的回头率和忠诚度呢？答案非常简单，那就是过硬的商品质量。

门店内部的一切设施和人员都是为销售商品而服务的，要想不断地提高商品的销售量以及门店的成交量，就只能靠商品过硬的质量，因为只有质量过硬，门店才能够具有打不败的强大竞争实力。

要想吸引顾客并留住他们，门店必须能够提供优质的商品和一流的服务，要想做到这些，门店需要做好以下几个方面的工作：

（1）**门店必须严格控制商品的进货渠道**。对于商品质量来说，严格控制进货渠道是行之有效的方法。只有进货渠道过硬，商品质量才有保障。如果门店的进货渠道过于复杂，商品质量就很难保证。对于门店经销来说，进货渠道的规范化就等同于商品质量的优质化。

（2）**门店必须定期培训导购并对其进行考核**。对于服务质量来说，门店对店面导购必须定期进行培训，并且在培训之后对其进行考核，这样的培训和考核在门店中应该形成制度。只有这样，门店导购的综合素质才能够不断提高，门店整体的服务质量才能提升。

要想让门店的服务质量过硬，导购的综合素质是非常重要的，可以说，商品质量是硬实力，而导购素质是软实力，门店只有硬实力和软实力都具备，才能够成为真正质量过硬的门店。

（3）**店面的商品需要随时检查和更换**。任何商品都无法保证没有问题和瑕疵，门店需要做的就是把质量问题消化在内部，绝对不能够让顾客发现。无论是商品质量还是服务质量，只要存在问题，门店就必须在第一时间内解决，绝对不能把问题留给顾客。

因此，店面导购需要随时对商品进行检查，并及时更换有问题的商品，而门店管理者需要对导购进行随时检查，及时纠正导购的不正确行为。

4. 创建标准化销售流程

顾客进店前，做好准备工作

如果门店没有任何顾客，那么门店员工都在做什么呢？很多门店的员工在没有顾客的情况下，都会显得无所事事，似乎只要没有顾客，就没有任何可以做的工作。这样的工作状态是非常不对的。

在顾客还没有进店之前，门店的员工需要做很多的准备工作。可以说，员工把顾客进店前的准备工作做得越充分，顾客进店后的成交概率就会越大。那么，门店员工需要做哪些准备工作呢？

（1）**整理商品货架，分类别陈列商品**。顾客进店前是导购整理货架的最好时间，导购应该根据不同的类别将商品陈列整齐。一方面整齐的商品可以给顾客留下良好的印象；另一方面整理商品的过程，也是导购熟悉商品的过程。

保持商品货架整齐和清洁非常重要，因为这能够给顾客留下好印象。试想一下，如果你是顾客，你会愿意在一家商品陈列混乱、货架也落满灰尘的门店购买商品吗？

（2）**保持门店内、外的卫生**。门店内部和外部的环境卫生也是导购必须做的准备工作，道理很简单，人人都喜欢干净整洁的环境，没有人愿意在脏乱的门店里选购商品。

因此，门店导购需要认真地打扫内部和外部的卫生，为顾客提供一个舒适而优雅的购物环境，也为导购自身提供一个让身心愉快的工作环境。

（3）**更新商品信息，突出门店本季主题**。门店的商品信息需要及时更新，尤其是在换季或者更换主题的时候，如果商品与季节或者与主题不相符合，那么顾客就会给门店打很低的分数。

因此，当顾客还没有进店之前，导购需要更新店面商品，一方面要配合店面的促销和应季主题，另一方面也为了给顾客提供更新鲜的商品。

（4）**了解商品信息，积极熟悉门店商品**。对于导购来说，任何商品的信息都必须要熟记于心，当顾客询问的时候，导购才能够与顾客保持良好的互动交流，取得顾客的好感和信任。

顾客与导购之间的沟通，导购应该积极主动些，尤其是沟通刚开始的时候，导购必须要向顾客传递商品的有效信息，以激发顾客与导购交流的欲望。

（5）**与同事沟通，多学习同事的经验和方法**。门店导购之间也应该多沟通，彼此交流自己对商品和品牌的认知和观点。从工作的角度来看，导购之间的交流更具实用性，尤其是对新导购而言，这样可以更好地借鉴其他导购的经验，有利于更快速地投入到工作中。

总而言之，门店应该把导购每一天的准备工作形成工作清单，让每一个导购都能够清楚地知道，在顾客进入门店之前，他们需要做好哪些准备工作。这样，门店导购就不会再出现，没有顾客就无所事事的工作状态。

导购充分的准备工作，不仅可以让顾客享受到更加出色和完善的服务，也能够更快地提高自身的业务素质及销售业绩。

顾客进店时，做好欢迎工作

当顾客进入门店的时候，导购的欢迎工作一定要热情有礼，把握好分寸。简单地说，导购既不能不热情地欢迎顾客，也不能过于热情地对待顾客。如果导购对待顾客不够热情，顾客则会有不舒服的感觉，甚至有些顾客会立刻转身走出门店。

相反，如果导购对顾客过于热情，也会让顾客感觉不舒服、不自在，很多顾客也因此会离开门店。由此可见，导购对顾客的欢迎既不可以不够热情，也不能够过度热情。

那么，在顾客进入门店的时候，导购如何才能够做好欢迎工作呢?

（1）微笑服务，让顾客看见导购最真诚的笑脸。顾客进入门店的时候，如果在第一时间能够看到导购最真诚的笑脸，顾客不仅会给门店打出很高的印象分，而且也会做出在门店内选购商品的决定。从顾客的角度来说，导购的微笑服务不仅是服务的一种，也是对顾客的尊重。

微笑服务的益处很多。对于顾客来说，导购的微笑是对顾客的尊重和欢迎，而对于导购来说，微笑着工作才能够有好心情，才能够带来好的销售业绩。

（2）专业服务，找到与顾客交流的准确切入点。导购的专业服务总是会在第一时间赢得顾客的信任，同时专业导购也能够很快地找到与顾客交流的切入点。通过对顾客认真的观察，专业导购很容易与顾客进行沟通。

专业导购看似与顾客闲谈，其实是在向顾客传递不同的商品信息，然后观察顾客对这些商品信息的反应，以顾客的反应为依据，进一步确定顾客的购买意向。如此专业的服务不仅能够让顾客满意，也能够提高导购的业绩和收入。

（3）针对服务，让顾客真正做一回上帝。在条件允许的情况下，导购需要对顾客进行一对一的服务，因为有针对性的服务，才能够提供给顾客最好的购物环境，使顾客在购物过程中，享受一回上帝的待遇。

总而言之，顾客已经进入门店后，导购要做的就是把顾客留在门店，让顾客在门店中购买到合适的商品，满足顾客的购物需求。

顾客进店后，做好服务工作

顾客进店之后，与决定购买商品之前，还是会有一段选择和考虑的时间，对于导购来说，这段时间就是做好服务工作的最佳时机。

导购的服务对顾客的选择很重要。很多时候，正是因为导购的优质服务，顾客才会从犹豫不决的考虑中，下决心购买门店的商品。

从顾客的角度来看，选购这家门店的商品和选购那家门店的商品区别不是很明显，这个时候，导购的优质服务就成了天平一端的砝码，哪一家的服务质量好，那么顾客就会选择购买哪一家门店的商品。

（1）为顾客传递准确、有效的商品信息。顾客对于门店商品的熟悉程度，不可能超过门店导购，因此门店导购对顾客最重要的服务，就是要让顾客熟悉门店的商品。首先导购需要让顾客对门店商品有大致的了解，然后导购再进一步了解顾客的需求。

导购在传递商品信息的时候，应该注意观察顾客的表情和举动，不要只顾着说自己的，而忽视了顾客的感受。如果顾客不接受导购所传递的商品信息，那么即使导购说得非常精彩，这些商品信息也是无效的。

（2）**成为顾客选购商品的好参谋**。大多数顾客进入门店之前，对所选购的商品都只有初步的概念。因此，聪明的导购会成为顾客的购物好参谋，帮助顾客选购到自己满意的商品。

实际上，大多数顾客都愿意听取导购的专业意见，尤其是遇到优秀的导购人员，顾客还是希望在购物过程中，能够有专业人士作为参谋。从顾客的角度来说，导购对于商品的了解是专业的，因此导购的意见和建议也是专业的，非常值得参考。

（3）**为顾客提供更多相关的商品信息**。导购在服务的过程中应该尊重顾客的需求，但是也不能只关注顾客的需求，而应该用从自己的专业角度出发，为顾客提供更多的相关商品信息，拓展顾客的视野，帮助他们选择更加适合自己的商品。

总之，导购所提供的服务都是围绕着顾客的需求展开的，而大部分的顾客需求并不是清晰的、单一的，因此导购需要从细微之处关注顾客，并且帮助顾客确定需求，以便其能够更好地选购商品。

（4）**对待顾客的态度要始终如一**。顾客对导购的服务态度是最为敏感的，因此导购对顾客要保持始终如一的态度。因此，导购的态度不能够因为顾客购买或者不购买商品而有所变化。

总而言之，导购在面对顾客的时候，服务必须是到位的、周到的，并且要让顾客从导购的服务中获得更多有关商品的信息，根据这些信息，顾客才能够更好地购买商品。

导购沟通技巧培训

沟通的技巧对于导购来说很重要，对于门店来说也非常重要。

因此门店需要对导购的沟通技巧进行培训，形成固定的培训机制，不仅要对新导购进行培训，对老导购也需要定期进行培训。这样，导购的沟通技巧才能够不断提高，从而保证其与每一位进入门店的顾客能够进行良好的交流互动。

培训导购的沟通技巧需要从以下几个方面入手：

（1）**语言表达要准确**。导购需要把自己的意思表达得既清楚又委婉。导购要多用请求式语句，不要用命令式语句；多用肯定语句，不要用否定语句。导购在对顾客说话的时候，必须懂得察言观色，及时准确地调整自己的说话方式。

导购的语言表达既要准确，也要专业，还要注意自己语句中的感情色彩，千万不要过于自我，防止说错话用错词。在传递商品信息的时候，导购切记不能够只说优点不说缺点，因为没有缺点的商品是无法得到顾客信任的，所以导购要学会用中立的观点评价商品。

（2）**与顾客沟通中的询问技巧**。导购通过询问而得知顾客的购物需求，因此导购的询问技巧也是沟通培训的重要内容之一。导购在与顾客沟通的过程中，询问一定要是间断性的，因为连贯的问题会让顾客感觉是在接受调查，顾客会因此产生不愉快的情绪。

导购向顾客提出的问题应该是简单而容易回答的，如果遇到顾客不愿意回答的问题，导购需要立刻转移话题，千万不要追问。通常情况下，导购对顾客的提问最好是开放式的，要留给顾客充分思考和回答的空间，这样询问才能够达到了解顾客需求的目的。

（3）与顾客沟通中的倾听技巧。导购必须要了解，沟通是双向活动，不要成为像演讲一样的单向活动，因此在沟通的过程中，导购除了会表达之外，也需要会倾听。

懂得倾听的导购才能够获得顾客的信任，成为顾客愿意沟通的购物参谋。倾听的益处主要有两个方面：第一，导购可以从倾听中进一步了解顾客的购物心理、购物倾向；第二，导购还可以听到顾客对于门店和商品的真实想法，这一点对于门店的发展、提升导购的业绩非常有帮助。

（4）与顾客沟通中的赞美技巧。导购必须学会赞美顾客，适度适当的赞美不仅能够让顾客心情愉快，而且也能够帮助导购更好地看到顾客的优点。

要想顾客在最短的时间内接受导购的建议，并且信任导购的意见，导购就必须要懂得赞美顾客。导购的赞美不能够是空泛的，而应该是具体而真诚的。实际上，任何赞美都必须要因人而异，千篇一律的赞美只能够让顾客认为导购只是在说客气话，并且不足为信。

导购的沟通技巧是由很多因素组成的，在沟通的每一个环节中，导购都必须要掌握沟通的主动权，但不要显得过于强硬，而要柔和地接近顾客，了解顾客的需求，尽量满足顾客的购物需求。

顾客异议处理方法

在选择购物的过程中，顾客一定会产生异议，而对于异议的妥善处理，也能够看出导购工作能力的强弱。

处理顾客的异议是导购的日常工作之一，只有妥善地处理异议，导购才能够顺利地工作，赢得更高的销售业绩。

门店的日常工作具有很多不确定因素，因此顾客会产生异议是难免的。导购在遇到顾客的异议时，一方面要尽量处理异议，让顾客满意处理的结果；另一方面也必须保持自信和专业态度，促进异议的圆满解决，从而成功完成与顾客的交易。

那么导购在处理顾客异议的时候，不仅要保持良好的服务态度，更要讲求方式方法：

（1）**对于顾客提出无效的异议，导购可以忽略不计**。顾客提出的异议有一些是无效的，对于这些异议，导购可以忽略不计。但是导购在忽略的时候，也必须要保持语言上的温和以及良好的态度。

有一些顾客甚至会把异议变成无理取闹，这个时候，导购必须要保持冷静的头脑，不要和顾客斤斤计较，导购必须要清楚，他是你的顾客，即使他不讲道理，你也必须要礼让三分。

（2）**对于顾客提出的有效异议，导购可以用补偿的方法处理**。当顾客提出的异议是有效的、真实的，那么导购在进行详细解释和说明的基础上，可以运用补偿的方法处理异议。简单地说，就是针对顾客的异议，进行实时补偿。

首先导购应该在最大程度上消除顾客对商品价值以及门店信誉的异议；其次导购也应该正视顾客所提出的异议，这样，导购的补偿法才能够起到应有的效果。

（3）**对于顾客提出有暗示的异议，导购可以采取转化的方法处理**。有一些顾客的异议中会带有需求的暗示，即顾客不是对这个商品不满意，而是这个商品不是顾客想要的。对于这些有暗示性的异议，导购需要及时转化成有效的建议。

导购必须要听懂顾客的暗示，才能够根据顾客的暗示进行转化，进而在明白顾客消费需求的基础上，及时满足顾客的消费需求。

（4）**对于顾客不明确的异议，导购可以用提示法处理**。当顾客提出了异议，但是异议的指向不明确，导购就必须要明确顾客的异议，才能够进一步处理。导购可以运用提示的方法，经过不断的提示，使得顾客明确自己的异议。

（5）**对于顾客有些片面的个人异议，导购可以抽象否定**。有一些顾客的异议也非常片面，甚至有些顾客会提出一些不切合实际的异议处理方法，对于这样的顾客异议，导购可以采取先肯定后否定的抽象方法进行处理。

在处理顾客不理智的异议时，导购必须要注意自身的角度和态度。尤其是遇到情绪激动的顾客时，导购应该懂得如何避其锋芒，千万不要与顾客发生正面冲突。

结束销售需要把握时机

门店导购一定要把握销售的时机，尤其是在何时结束销售这一环节上，导购更要准确把握住时机。如果结束销售过早，那么顾客在不完全了解商品的情况下，根本无法完成与门店的交易。如果结束销售过晚，顾客也会产生一定的心理障碍，认为“商品是不是有问题，不然他怎么总是在说个不停呢”？因为过长的销售引导，会显得导购很没有自信。

那么，导购在什么时候结束销售是最好的时机呢？你必须做好以下几个方面的工作：

（1）**看准顾客发出的购买信号，及时结束销售**。最明确的结束销售时机，就是顾客主动发出的购买信号，或者不购买信号。当顾客有了非常明确的购买意见之后，导购就必须要及时结束销售，无论顾客最终的决定是购买还是不购买。

因为在顾客明确购物决定之后，导购的任何销售意见就都已经失效了。所以继续进行销售引导变得毫无意义，这个时候导购应该做的就是及时结束销售。

（2）用询问的语气探究顾客，保持销售氛围。在顾客做出购物决定，但是没有明确表示的时候，导购也应该及时结束销售。但是这个时候，导购应该继续保持销售的氛围，用询问的语气与顾客继续沟通。

通常情况下，顾客没有明确表示的时候，他们都是在犹豫。导购在这样的情况下，如果继续销售，不仅不会促成销售，反而会引起顾客的不满情绪。因此导购需要做的就是保持与顾客继续沟通，使顾客能够放松心态，进而做出更加明确的购物决定。

（3）给予顾客有效而有限的选择，促使顾客成交。当顾客犹豫不决的时候，导购应该适度地给予顾客专业意见，最好的办法就是提供给顾客有效而有限的选择，让顾客在不知不觉中进入到购物选择中。

导购提供的有效而有限的选择，必须是顾客所求的，但是在顾客做出选择之前，导购不要再次介入，防止顾客认为导购在干预选择，从而放弃与门店之间的交易。

（4）尽量多与顾客达成一致，转变顾客心理。如果顾客做出不购物的决定，而没有立刻离开门店，那么顾客的行为可以说明，顾客对本次购物还很犹豫。这个时候，导购应该从小处做起，尽量多与顾客达成一致，并且及时找到令顾客不满意的地方。

通常情况下，顾客对购物的犹豫出于多种因素，而导购此时的工作不是销售，而是找到令顾客不满意的地方，进而改正或者消除顾客的不满意，以此促进交易的进程。

（5）**提醒顾客优惠条件和日期，敦促顾客成交**。导购必须抓住顾客的犹豫心理，适度适时地提醒顾客优惠的条件和日期，使顾客的心理产生急迫感，从而能够积极地与门店进行交易。

总之，如果导购只是一味地进行销售，那么顾客就会产生“强买强卖”的感觉，这样的感觉会破坏顾客与门店的交易。实际上，在一定的情况下，导购应该及时结束销售，做辅助工作的销售。

送客，没那么简单

有些导购的服务终止于顾客交完钱款，拿走商品的时候。大多数的导购都会认为，顾客已经完成了与门店的交易，导购的服务就应该可以结束了。但是这些导购忽视了一个非常重要的环节，这个环节的优劣直接决定了，顾客是否能够成为门店的回头客。这个重要的环节就是送客。

送客是门店店内服务的最后一个环节，也是售后服务开始的第一个环节，因此送客如果得当，顾客则会对此次购物留下非常完美的印象。如果门店忽视了送客环节，顾客则很容易产生“人走茶凉”的感觉，甚至有些顾客会因此而拒绝门店的售后回访。

由此可见，送客是很重要的。所以在送客的环节中，导购应该这样做：

（1）**不要中断服务，态度和状态都必须延续**。导购在顾客交完款项、拿到商品、准备离开门店的时候，也必须要保持良好的服务状态，态度要保持热情，不能够有任何的松懈。

（2）**保持交流，与顾客多说一些闲话**。在送客的环节中，导购可以说一些闲话，使顾客从刚才的购物状态中放松下来。通常情况下，顾客在选购商品的时候，精神都比较集中和紧张，因此在购物之后，导购的几句闲话立刻就能够让顾客回到轻松的状态中。

送客时，导购必须要与顾客保持交流，让顾客感受导购始终如一的态度和服务。这样做可以让顾客延续对导购、对门店、对商品的良好印象。

（3）**继续推销商品，用最大的无意创造更多机会**。导购在送客的过程中，可以继续做一些销售工作，但是导购必须要改变语气和销售策略。用不经意的方式说出门店新进的商品，或者顾客可能感兴趣的商品，这也是创造业绩的好机会。

导购在送客阶段的推销，可以跳脱常规的推销模式，用“见缝插针”的形式推销，顾客会更加容易接受。

（4）**适度夸奖顾客，让顾客认为“今天购物真值”**。导购一边送客，应该一边适度地夸奖顾客，可以夸奖顾客的眼光好，也可以夸奖今天的商品特别适合顾客。如此一来，顾客能够在心理再一次肯定自己的购物决定。

从顾客的购物心理来说，导购在送客阶段的夸奖，可信度更加高一些，比较没有功利色彩。导购也应该注意，夸奖一定要适度，千万不要过度。

（5）**预约下次购物，让顾客不能够拒绝你的好意**。导购可以像老朋友那样对顾客说：“过两天和朋友一起来吧！我们的店要上新货了。”

这其实就是在与顾客预约下一次的购物，顾客也不会拒绝导购的好意，虽然有一些顾客是顺嘴答应着，并没有走心，但还是有一些顾客能够记住这样的预约，一旦时间和机会都正确，他们一定会再一次光顾门店的。

售后跟踪服务必不可少

售后的跟踪服务在顾客完成交易之后，就应该立刻开始。首先把顾客的详细资料输入顾客档案中，接下来就要开始正式跟踪服务了。实际上，售后跟踪服务不必非要和顾客面对面，一个回访的电话、一封感谢的邮件都可以。

门店导购如果想要做好售后跟踪服务，就需要掌握一些相关的技巧。以下几点可以作为参考：

（1）**主动与顾客联系，取得顾客的信任**。在主动联系顾客的时候，应该注意两点：第一，不要打扰顾客的正常生活，如果顾客不方便接听电话，就改用电子邮件；第二，及时解决实质性问题，否则就失去了原本的服务意义。

（2）**耐心询问顾客，让顾客说出商品的缺点**。售后跟踪服务很容易流于形式化，导购问顾客："您好，商品的使用情况怎么样？"顾客说："挺好的。"导购的回访会就此打住，并认为这样的回访很成功。在售后服务的过程中，这样的形式主义是要不得的。

导购必须耐心询问顾客商品使用的具体情况，要鼓励顾客说出商品的缺点，这样，导购才能够深入了解商品的优缺点，及时地帮助顾客解决商品使用过程中所遇到的问题。这才是售后跟踪服务真正的价值所在。

（3）**对顾客做出承诺，使顾客获得安全感**。面对顾客的疑问时，导购可以对顾客做出相应的承诺，使顾客获得安全感，并督促负责任地工作。实际上，顾客对导购的承诺是非常信任的，因此导购必须要遵守自己的承诺，否则就会令顾客失望，从而失去顾客。

顾客的安全感是成为回头客的重要因素之一，所以导购在进行售后跟踪服务的时候，不要轻易做出承诺，一旦承诺之后，就必须要兑现。

顾客档案建立和管理

门店必须要为顾客建立长期的档案，一方面顾客对门店来说就是利润的主要来源，回头客更是门店最宝贵的资源；另一方面对顾客的管理也是门店对自身的管理，可以说，管理不好顾客的门店，就不会有任何的发展和前途可言。

那么门店要如何建立顾客档案呢？顾客档案建立之后，是不是就可以完事大吉了呢？长期的顾客档案需要如何才能够管理好呢？以下几个原则，门店可以作为参考：

（1）顾客分层次建档，专人负责管理原则。根据顾客在门店内的消费水平建立档案，门店需要根据顾客购物的平均值来计算。顾客分层次建立档案的益处有两个：第一，门店可以基本掌握顾客的消费水平，下一次针对此顾客的销售就可以做到有的放矢；第二，门店在与顾客互动的时候，不会偏离顾客的正常消费水平，那么顾客对门店所推销的商品就会有很高的接受度。

顾客的档案最好有专人负责管理。但是对于一些小规模的门店来说，由于人员数量有限，不可能专人专职负责顾客档案，对于这样的门店，店长可以肩负起这一责任。

（2）顾客分年龄建档，定期检查整理原则。顾客的年龄不同，对商品的需求自然也不同，因此门店需要对顾客进行分年龄建立档案。其实，门店的商品也不是针对一个年龄层的，那么对于不同年龄的顾客，门店的销售也需要有所不同。很多门店都忽视了顾客的年龄，这也是导致销售失败的原因之一。

顾客的年龄档案需要定期检查和整理，因为门店在发展，顾客的年龄也在变化，所以针对不同年龄的顾客，推销的商品就必须有所不同。同时顾客的年龄档案，也可以帮助门店对各个年龄层次顾客的购物需求进行具体地了解、分析。

（3）**回头客单独建档，及时回访、互动原则**。门店固定的回头客需要单独建立档案，而且门店要及时向回头客通知门店的商品变化，从而获得回头客的最新购物动向。因为只有这样互动，才能够让门店继续留住回头客。

回头客是最需要门店维系的顾客，也是门店最重要的顾客。因此对回头客的档案整理、管理和维系，门店都需要形成制度。尤其是对回头客的售后服务、售后回访，更是门店日常工作中的重点。

总而言之，门店建立顾客档案应该根据门店自身的情况以及顾客的具体需求。关于顾客档案的管理工作必须要做到及时、准确，要定期地整理、检查，以此确保顾客档案的准确性以及实用性。

有些门店认为："我的门店很小，不需要建立顾客档案。"这样的想法是非常错误的，即使再小的门店也需要建立顾客档案，因为顾客档案越完善的门店，门店的发展前景就会越好。

5. 促销要有的放矢，形式多样

市场分析：找准目标顾客

门店在促销活动之前，必须要具体、深入地分析市场，尤其是门店所在的区域商圈中的情况。促销的主要目标顾客是谁？目标顾客的购买心理、购买习惯是什么？促销活动需要如何打动目标顾客群？

解决了以上这些问题，门店的促销活动才能够有的放矢，一切为了促销活动而展开的工作，才能够做到事半功倍。

那么，门店如何才能找到目标顾客群呢？门店需要在市场分析中，解决以下几个问题：

（1）如何细分市场，找到门店的细分市场。门店首先要对市场进行细化分析，因为随着市场中同类型商品越来越多，顾客的选择空间也越来越大，因此门店针对自身的商品和特点将市场不断细化，才能够找到自己的目标，找到自己的目标顾客群。

（2）**如何区别促销，找到门店的促销对象**。细化市场之后，要进行区别促销，门店要认真对待每一次促销的结果。通过总结归纳促销的过程和结果，确定不同顾客对待不同促销的态度。

可以说，区别促销就是为了把顾客进一步细化，使门店能够弄清楚，哪一些顾客可以成为促销的对象，哪一些顾客不会成为促销的对象。

（3）**如何分析顾客，细分门店的所有顾客**。经过对市场的细化和区别促销，门店接下来要直接分析顾客。将门店的顾客资料都分析一遍，并且把所有的顾客都分出层次和不同的区域。

门店必须根据顾客的特点和习惯，将顾客划分在不同的促销区域中，被划分的顾客会占据不同的市场份额，占据份额最高的就是门店的目标顾客群。

（4）**如何进行数据化管理，将顾客区别进行管理**。细分顾客之后，门店也不要急着下结论，所有对市场、促销、顾客的分析，都需要有可靠数据的支持。因此，门店一定要重视数据化管理。

数据化管理不仅能够将顾客进行具体的细分，还能够帮助门店深入了解顾客的结构，有利于门店对顾客进行区别管理，从而提高工作效率。

（5）**如何延续经营，不要放弃任何层次的顾客**。顾客是门店利润的来源，因此无论哪一个层面的顾客，门店都不应该放弃，而必须延续经营。只有这样，门店才能够在延续经营中，获得更多的顾客资料，然后进行分析。

要想准确找到门店的目标顾客群，门店就必须对顾客进行反复的分析，并在延续经营的过程中，一步一步地接近最终的目标顾客群。

（6）**如何重点对待，找到门店的目标顾客群**。当门店最终确定目标顾客群之后，就必须要重点对待目标顾客群的购物心理和习惯，要深入研究、分析目标顾客群对商品的需求。

门店促销要想做到有的放矢，就必须要精确地找到目标顾客群，通过对目标顾客群的深入了解，门店的促销活动才能够真正吸引、打动目标顾客群。

活动策划：多种形式，有备无患

门店的促销活动策划不应该是单一的，而应该形式多样，因为在促销的过程中，门店会遇到怎样的情况，没有人能够事先预见到，而多种促销形式正是为了及时应对各种变化。另一个方面，促销活动形式多样，才能够吸引更多的顾客。

促销活动策划必须面面俱到，不仅要针对门店的目标顾客群，也要为其他顾客考虑周详，只有这样，促销活动策划才能够真正起到应该有的作用。

促销活动策划要从以下几个方面着手，才能够起到成功推动促销活动的作用：

（1）**分清主次，促销活动形式多样化**。促销活动的形式要多样化，除了主要的活动形式之外，还要有一些次要的活动形式。门店必须要注意，所有的次要活动形式，都必须要围绕着主要活动形式展开，绝对不能本末倒置，影响主要促销活动的推进。

另外，次要活动形式也必须有完备的策划方案，以便能够在遇到问题和突发情况的时候，及时解决问题，防止错误再一次发生。只有这样，次要的活动形式才能够更好地配合主要的活动形式，达到提升销售业绩的目的。

（2）**促销范围要广**。促销活动的策划必须具有很强的针对性，不仅要针对目标顾客群，也需要针对非目标顾客群。只有这样，才能提高门店的客流量，门店千万不要忽视非目标顾客的购买力。

（3）**任何时候都要有备选方案**。门店促销活动的策划案一旦确定下来，就不要轻易改动，因为只要改动一个地方，之前的准备工作就变成了无用功。

但是促销活动的策划案必须要有备选方案，无论准备工作进行得是否顺利，门店都必须准备好启动备选方案的工作。准确地说，门店的任何促销活动都必须有两套以上的方案，这样才能够保证促销活动的顺利进行。

（4）**懂得变通，促销形式不要过于呆板**。门店的促销形式应该是可以变通的，过于呆板的促销形式只能够让促销活动陷入僵局。比如：促销形式是返还优惠券，但是有些顾客不愿意要优惠券，那么针对这些顾客就可以直接给折扣，但是折扣的力度不要太大。

如此一来，需要优惠券的顾客以及需要打折的顾客都能够得到满足，门店的促销也能够达到提高成交量和销售额的目的。

总而言之，促销活动在策划阶段就必须要顾及很多问题，尤其对于活动形式来说，越多样化的促销形式，就越能够吸引更多顾客光顾门店，门店的利润和知名度也就可以通过促销活动更上一层楼。

人员培训：全方位，重细节

门店在促销之前必须对人员进行培训，因为无论促销策划多么完美，所有的工作都必须要人来完成，所以人员的培训是促销活动成功的重要因素之一，更是对于门店总体素质的一次综合考验。

门店在培训员工的时候，要注意两点：第一，培训要全面，不要因为员工是导购，就只培训关于导购的相关技能和技巧，要让门店所有的员工都成为多面手，全面了解和掌握促销活动的全部过程；第二，培训要重细节，要让全体员工都明白“细节决定成败”这个道理，因此在培训的过程中，任何细节都必须要反复强调，并且要让员工实地操作。

那么在培训的过程中，如何才能够真正做到全方位、重细节呢？门店需要做好以下几个方面的工作：

（1）对员工进行综合考核，找到最薄弱的环节。在促销活动开始的准备工作中，必须对员工进行综合考核，只有清楚员工的综合素质，门店才能够找到他们最薄弱的地方，从而加以改进，为促销活动的成功打好基础。

门店促销期间属于特殊经营时期，对于每一个员工来说，促销活动都是一次考验，不仅考验员工的销售水平，更加考验员工随机应变的能力。

（2）针对薄弱环节加强培训，提高员工自身修养。门店通过综合考核了解员工最薄弱环节所在，接下来的工作就是加强对薄弱环节的培训，使员工能够进一步弥补自身的不足，提高员工的个人修养。

员工的修养也会影响门店的形象。因此门店对员工的培训要达到这样的效果：无论任何员工都能够独自完成全套的门店销售工作，而不需要其他的员工辅助。当然，当任何岗位的员工需要辅助的时候，任何员工都能够完成辅助其他员工的工作任务。

（3）**培训员工注意细节，越细致的工作越体现个人价值**。门店在培训员工的过程中，必须把“细节决定成败”这句话深入到每一个员工的大脑中。

员工在销售过程中要学会观察顾客细小的动作和情绪，并根据顾客的细节小变化来调查自身的销售工作。只有这样，员工才能够把销售工作做好，进而实现门店的利润和员工的个人价值。

（4）**注重实际操作能力，培训为辅实战为主**。门店对员工的培训千万不要流于形式化，不要出现这样的情况：培训的时候员工都按照要求进行工作，培训过后，员工在工作中又回到了原始状态。

实际上，这样的情况并不是员工不认真负责，而是门店管理者没有担负起自身的管理责任。所以在培训之后，门店管理者要不定期地进行监督，要让员工都意识到，培训只是前奏，真正的实战在工作中。

宣传推广：造声势，提人气

促销活动需要宣传推广，这不仅是门店为了促销而造声势，更是门店在提高自身的名气和人气。

促销活动的声势越大，吸引的顾客就会越多，因此，只有充分地为促销活动造声势、提人气，促销活动才能够达到预期的目标。

（1）**促销宣传主题要突出，让顾客一目了然**。好的主题是促销活动的灵魂，只有主题明确突出，目标顾客才能够被吸引，而非目标顾客也才会注意到门店的促销活动。

因此在宣传促销的时候，一定要选一个好的主题，让顾客一目了然，并想要参加这样的促销活动。

（2）**宣传手段多样化，最大限度吸引顾客**。促销的宣传手段必须多样化，尽可能多地让顾客看到门店的促销活动宣传，最大限度地吸引顾客的注意力。

（3）**宣传形式以方便顾客为主**。促销宣传的形式以方便顾客为主，要让顾客第一时间就清楚地知道促销的内容以及促销的优惠形式。

（4）**宣传时间要提前，为促销做好充分热身**。促销当日再宣传能够达到的效果是有限的，只有提前做好促销宣传工作，才能够达到预期的促销结果。

门店必须要给顾客留出充分的时间去了解促销活动。因此宣传的时间必须要在促销活动正式开始之前。

（5）**不放过任何宣传时机**。门店要利用一切能够利用的机会进行宣传。

重点顾客要重点宣传，可以进行一对一的宣传，比如短信、微信。目标顾客可以进行针对宣传，比如广告、路演。非目标顾客可以进行拉网式宣传，比如电视购物。

物料准备：反复核对是第一原则

门店在促销活动期间，商品的备货量一定会有所增加，此时门店对商品的质量更要严格把关。反复核对是第一原则，更是唯一的原则。

对促销商品的数量和质量进行反复核对有两大好处：第一，核对数量是为了在促销过程中不出现断货、缺货的情况；第二，核查质量是为了保护门店的声誉，不要让顾客产生“促销的商品就是不好”的观念。

那么，在促销期间门店如何做好物料的准备工作呢？

（1）**反复核对促销商品的数量和质量**。促销商品的全部数量必须记录准确，每一个批次的商品都要分别记录。不仅如此，促销商品的产地、成分、促销前的售价、促销时的售价都要记录清楚。

在核对商品数量的时候，也要注意商品的质量，由于促销商品需求量远远大于门店日常的商品数量，因此更要保证商品的质量。

（2）**反复核对库存商品的数量和质量**。促销前，库存商品的数量会有很大的增加，必须要记录准确、清楚，并对库存商品的质量进行进一步的核查。

对于库存商品，门店应该在促销前进行彻底核对，每一个批次的商品都要反复核对，只有这样，才能够对库存商品的数量和质量有整体的把握。

（3）**反复核对店面商品的数量和质量**。促销前以及促销的过程中，对店面的商品需要随时核对，同时要对店面有瑕疵的商品进行及时更换。

店面商品每一次更换、补货的时候，都必须要进行详细记录，不但要记录商品的数量，更要记录商品的批次。

（4）**反复核对促销主打商品的数量和质量**。门店的促销活动一定会有主打商品，这些主打商品必须保证供货，不能够出现断货的情况。因此对于主打商品的核对，必须要谨慎。

促销的主打商品主要是针对目标顾客的，因此只有满足目标顾客的购物需求，门店的促销活动才能够获得成功。

（5）**反复核对进货和出货的数量和质量**。门店促销期间的商品进货量和出货量都会成倍地增长，因此门店最好能够指派专人负责核对工作，不仅如此，任何一个环节都需要指派专人进行核对。

进货和出货的时候，都需要此环节的负责人以及与之相关的员工的签字确认，并且进货和出货的单据都必须要有备份，以便日后查找、核对。

提前演练：发现问题，及时纠正

促销活动是有别于日常销售的，因此门店基本上无法预测促销时会发生怎样的问题。那么，门店如何才能将促销期间的隐患降到最小呢？答案其实非常简单，在门店内部提前举行促销演练。

在促销演练的过程中，门店很容易发现问题所在，也就能及时地纠正错误，防止同类问题在真正促销期间发生。门店在促销演练中，必须要做好以下几个方面的工作：

（1）**演练等同于实战，一切都要与实际促销时一样**。门店必须把促销演练当成实际促销，也要与所有的员工都表明这一点，让人员认真对待。只有这样，才能够找出问题所在，如果演练变成了形式，那么就是在浪费门店的人力、物力。

（2）**演练的每一个阶段都需要总结，汇集门店所有员工的智慧**。演练可以随时中断，以便于及时进行总结。但是总结的时候应该听取员工们的意见，让门店的促销方案越来越成熟。

任何促销方案都不可能十全十美，因此，门店必须懂得汇集众人的智慧，更好、更快地解决促销演练中的问题。

（3）**演练中发现的问题要懂得举一反三**。在促销演练过程中，发现一个问题不要只解决这一个问题，而要懂得举一反三，这样才能够防止在真正的促销过程中，出现更多无法预测的问题。

（4）**演练不需要专门划出时间，将演练融入日常工作中**。门店促销演练不需要专门划出时间，门店管理者可以把每一天都当作促销演练，而对于专门的促销活动，门店管理者可以增加演练的内容。

很多问题和错误都不是立刻就能够解决和纠正的，因此门店管理者需要反复强调，采取一些方法帮助员工克服自身问题，同时提高他们的销售能力和实力。在解决问题和纠正错误的过程中，门店管理者需要耐心地对待员工，直到他们能够克服自身的缺点为止。

总而言之，门店针对促销的提前演练需要一个过程，在这个过程中所发现的问题，必须要及时解决，以防止同类问题再次发生。而对于员工在演练过程中的不良表现，门店管理者既要给予员工改正的机会，也必须让员工明白，门店的奖罚制度是不讲情面的。

活动评估：经验和教训共存

门店在促销活动之后必须要组织员工进行总结，不仅要总结成绩和经验，更要总结问题和教训。道理非常简单，成绩和经验必须要保持、发展，而问题和教训则必须要吸取、纠正。只有这样，门店才能够一步一步赢得更多的利润和人气。

门店及时地对促销活动进行评估有两点益处：第一，让每一个门店的员工都看到自己的成绩，这是比任何鼓励都有效果的励志；第二，让门店管理者熟悉自身，看清市场，从而制定出更加适应门店发展的规划和制度。

（1）**总结经验和成绩**。门店需要肯定员工在促销活动中的成绩，因为任何人都需要认同，尤其是来自于自己领导的认同。首先，门店管理者要让员工进行自我总结；其次在员工自我总结之后，门店管理者再进行综合总结；最后门店管理者需要对员工逐一进行评估。

评估成绩：成绩对于每一个员工都是非常重要的，在评估成绩的时候，门店管理者必须要注意，既要肯定员工的个人成绩，也必须要让员工明白，没有团队就没有他们的成绩。简单地说，成绩虽然是个人做出来的，而荣誉是属于整个团队的，以此来培养员工的团队精神。

评估经验：经验是非常宝贵的，因此门店管理者需要将总结出来的经验分享给每一个员工，并鼓励他们将其运用到实际的工作中。最佳的评估经验方法，就是让每一个员工都总结自己在本次促销中获得的经验，然后进行经验的交流，这样才能够让个人的经验转变成团队的经验。

（2）**总结教训和问题**。真正能够让门店进步的是教训和问题，及时对促销活动的教训和问题进行评估，门店才能够争取到更加宽阔的发展平台。任何教训和问题都不会是凭空而来的，所以门店对教训和问题都必须要用发散性思维模式来面对，千万不要“牙疼治牙，头疼医头”。

评估教训：所谓的教训一定是让门店在促销活动中吃亏的事情，而这些教训如果不吸取，门店将会继续为此付出更沉重的代价。由此可见，评估教训所带来损失以及总结教训都会为门店带来更多的利益和发展空间。

评估问题：促销活动中出现的问题，在及时纠正的基础上，也必须要在促销活动结束后继续评估。这些问题的存在映射出门店管理和销售中的很多漏洞，而及时评估和解决问题，则是在进行弥补漏洞。

总而言之，门店对每一次的促销活动都必须进行评估，这些评估不仅管理者的事，更是门店每一个员工必须要完成的工作任务。对待经验和教训的态度，应该都是一致的。虽然经验能够让人感到愉快，而教训总是会让人感到沮丧，但是经验和教训的价值是同等的。

经验和教训都能够让门店进步，能让门店在取得更多发展机会的同时，也能够获得更多的利润。此外，经验和教训都能够帮助门店培训出更加出色的员工。

Chapter 6

门店人员管理：

员工和客户，两手都要抓

不要认为门店人员管理只针对门店的员工，实际上，门店的客户也必须包含在人员管理当中。不仅如此，门店对员工和客户都必须分层次、分等级进行管理，为员工建立规整制度的同时，也要为客户建立联络档案。

总之，门店人员管理必须是员工和客户双管齐下，对员工的一切奖罚制度都是为了更好地管理客户，必须把员工和客户紧密地联系起来，建立一个良性循环的人员管理制度。

1. 拉团队，建队伍

招聘：如何选到最合适的人才

门店员工的工作不是单一的，既要有销售员的口才和智慧，也要有导购的服务意识，有些门店的员工还要做一些收银员的工作。因此门店在招聘员工的时候，必须要精挑细选，保证招聘来的员工不仅能够完成单一的工作，还能够胜任门店的所有岗位。

由于门店员工的分工不可能太细，通常情况下，门店员工的工作内容涉及门店中所有的岗位。由此可见，门店在招聘的时候，必须要挑选那些能够胜任多种角色的员工。

（1）对角色的自我定位。在招聘的时候，门店除了要问清楚应聘者的基本情况之外，最需要了解的就是应聘者对门店工作的角色自我定位，即应聘者如何看待门店的工作。

门店员工正确的自我定位必须准确，因为门店工作既要是导购，也要是销售员，必要时还要是收银员和售后服务。如果应聘者对自我的角色定位不准确，就会直接影响到今后的工作。只有自我定位准确，应聘者才能够更好地接受门店的文化。

（2）**对综合素质的具体要求**。门店必须了解应聘者的综合素质，最需要了解的就是职业素质和心理素质。如果应聘者的职业素质和心理素质不过关，那么他们能力再强也不适合在门店工作。

职业素质合格的应聘者一切要以顾客的利益为主，这样才能够为门店创造出更多的利润。应聘者的心理素质必须强大，因为门店员工在工作中要面对形形色色的顾客，如果门店员工的心理素质不强，那么在面对不同的顾客时则容易出现手忙脚乱的情况，无法为顾客提供良好的服务，从而影响门店的业绩。

（3）**对责任心的考查**。门店员工必须具备强烈的责任心，因此对应聘者责任心的考查是必要的，也是非常重要的。门店员工的责任心体现在多个方面，既要对顾客负责，也要对门店负责，还要对自己负责。

门店对应聘者责任心的考查需要借助一些手段。在招聘的过程中，门店可以设计一些考核责任心的环节，比如：门店可以在招聘现场设置一些没有清扫的垃圾，观察应聘者对这些垃圾的态度。

（4）**对专业知识的掌握**。有些应聘者认为，专业知识是针对有经验者而言的，其实不然，对于没有门店工作经验的应聘者，专业知识也是必须具备的。

道理非常简单，因为很多专业知识都可以从书本上学习，如果应聘者在面试之前一点准备都没有，那么应聘者就是对自己不负责任，门店可以从这一点进行判断，应聘者不适合在门店工作。

（5）**对基本技能的要求**。门店对应聘者基本技能的要求，就是要考核应聘者是否具备初级水平，如果一点基本技能都不会，那么应聘者就必须从零开始，门店究竟要不要这样零基础的员工，就要视门店的情况具体分析了。

虽然基本技能是可以通过培训获得，但是如果是一家新门店，这种零基础的员工就不太适合。

培训：到底该培训什么

门店在招聘工作结束之后，一定要对所招聘的人员进行培训，只有培训合格的人员才能够正式上岗工作。对于一些经营范围比较小的门店，这样的培训也是必不可少的，因为不经过培训就上岗工作，可能会为门店带来不良的影响，甚至毁掉门店辛辛苦苦建立的好形象。

实际上，门店的培训不必是脱产的，但必须是系统的，有专人负责。那么，门店究竟要培训什么呢？

（1）**培训外在的形象**。顾客进入门店首先看到的是员工的外在形象。试想一下，如果你是顾客，进入一家门店看见一个形象邋遢、没有化妆的导购，你还会在这样的一家门店里选购商品吗？答案一定是否定的。员工的形象就是门店的形象。因此，门店最先要对员工的着装、仪容仪表进行培训。

（2）**培训应有的礼仪**。礼仪不仅是礼貌的象征，更是员工专业性的象征。礼仪对门店员工是非常重要的，一个懂得礼仪的员工不仅能够为门店树立良好的形象，而且会很快获得顾客的好感和信任。由此可见，门店对新员工的培训是非常重要的。

门店员工的礼仪包括很多方面：表情、姿态、手势、接待等，可以说门店工作的每一个环节都需要礼仪。

（3）**培训语言的表达**。门店对员工的语言表达需要有基本的要求，比如：礼貌、声音柔和。而对语言的表达技巧则必须要有具体、系统的培训。

可以说，门店员工的工作大部分都是用语言来完成的，尤其是与顾客的交流和互动。会说话的员工一般会有很好的业绩，而不会说话的员工一定不会有好的业绩。

（4）**培训工作的流程**。每一家门店的工作流程都是不一样的，要想让新员工快速进入到工作状态，门店就必须要让每一个员工都清楚工作的流程。

（5）**培训销售的技能**。门店最重要的工作任务就是销售，将门店的商品卖给顾客，这才是门店员工真正有效的工作任务。因此对于销售技能的培训，是门店培训中不可缺少的重要内容。

销售的技能包括对沟通能力、商品信息、服务标准等的培训，主要的培训目的就是要让新员工能够成为合格的销售人员，不仅为门店带来利润，也为自己带来可观的业绩。

总而言之，门店的培训不仅是针对新员工的，培训新员工的过程也是帮助老员工巩固知识的过程。但是门店应该注意，培训不要脱离实际，而是要与实际的工作相互结合。因为脱离实际工作的培训只能够是“纸上谈兵”。

考核：该给压力还是动力

培训之后必须要有考核，这会给员工带来一定的心理压力。实际上，考核是为了让接受培训的员工更加认真负责地学习培训内容，并将其运用到实际的工作中，给自己和门店带来收益。

任何接受培训的员工对考核都会有一定心理压力的，门店管理者则要把这种压力变成动力，如可以适时地鼓励员工。压力和动力是可以互相转换的，没有压力就不会有动力。考核时门店管理者应把握以下几点：

（1）**考核节奏要一张一弛**。在考核的过程中，既不能够让参加培训的员工过度紧张，也不能够让新员工觉得“没什么大不了的”。因为过度的紧张和放松，都不是最佳的状态。所以门店在考核的过程中，要注意对节奏的把握，要懂得一张一弛，这样才能够体现出员工真实的水平。

门店在考核的时候，每一项考核都必须要制定标准，某些考核的标准必须要严格，比如责任心、销售技巧、危机处理能力等。某些考核的标准则可以放宽一些，比如着装标准、接待礼仪、语言表达等。所有的考核标准都应该根据门店的情况量身制定。

（2）**不定期考核，让员工随时调整状态**。门店管理者需要明确考核的目标，考核的目标是为了让员工始终保持良好的工作状态，而不是为难员工，或者让员工感觉到难堪。因此，门店的考核不必集中在同一个时间段，应该不定期考核，这样做才能够既给予员工吸收知识和技能的时间，也可以给予员工调整工作状态的空间。

如果门店的考核时间过于集中，员工的精神就会高度紧张，而长时间的高度精神集中，不仅不利于员工的日常工作，反而会影响员工在考核中的正常发挥。这对门店或者员工都没有任何好处，因此考核的时间应该是不定期的，考核前要给员工留出充分的准备时间。

（3）**考核的方法要灵活多变，不给员工造成额外的压力**。门店对任何项目的考核都不应该只使用一种方式，考核的方法要灵活多变，这样做有两点益处：第一，能够让门店考核出员工的真实成绩，因为如果总是用一种方式考核，当员工熟悉考核方式之后，门店的考核就会失去原本应该有的效果。

第二，员工能够通过考核，真正地了解自己的能力和不足，进而在下一次考核之前提升自己的能力，改进自己的不足，获得快速的成长，为门店带来更多的效益。

（4）**考核的内容不固定，要根据门店现在的情况而定**。门店要想真正了解员工，就必须要针对员工的不同特点制定不同的考核内容。这样考核之后，门店才能够准确地为新员工定岗。

考核内容不需要完全不同，只需要针对员工今后的定岗以及员工自身的特质制定一部分不同的考核内容，目的是为了更好地发挥员工的优势。

工具 8：门店员工绩效考核表

评价项目	A 不满意（0%）	B 勉强（50%）	C 好（65%）	D 很好（80%）	E 优秀（100%）	此项分值	最终分值
①工作品质 本项不考虑工作量的大小，仅看工作质量	工作懒散，可以避免的错误极其频繁，并且极少能按照公司的要求及时完成所分配的任务	经常犯错，工作不细心。经常不能按时完成所分配的任务	大体满意，偶尔有小错误，偶尔对所分配的任务不能及时完成	工作几乎保持正确、清楚、及时，有错误自行改正	工作一直保持超高水准，远超过公司对其的期待	20 分	

续表

评价项目	A 不满意（0%）	B 勉强（50%）	C 好（65%）	D 很好（80%）	E 优秀（100%）	此项分值	最终分值
②**合作性** 考虑其对工作、同事、公司的服务态度，是否愿意尝试新观念、方法	似乎无法与人合作，不愿意接受新事物	时常不能合作，表现不同意的态度，难以相处	大致上与人相处愉快，偶尔会有摩擦	一向合作良好，愿意接受新方法	与同事或主管合作有效，随时准备尝试新观念，与人相处非常好	5分	
③**主动性** 考虑其在没有详尽指示下的工作能力、应变才能及在无人监督下的工作情况	只能照章行事，遵从指示做事，需要不断地监督，从不关注竞争品牌的产品信息、价格，及相关行业信息	处理新事物容易出错，经常需要监督和提醒，偶尔关注竞争品信息	经常性工作无须指示，新事物需要在监督、指导的情况下才能完成	极少需要监督，能主动工作及改进现在不足的方面	一直是自主工作，自动增加额外工作，能力极强	20分	
④**勤勉** 考虑其贡献于工作的程度	有机会就偷懒，时常喜欢闲聊，或在工作时间从事私人事情	时常忽视其本职工作，很少能严格要求自己	通常能坚守工作，偶尔会出现工作懈怠的情况	大部分时间都能诚恳做事，偶尔需要人提醒	一向可信，能将工作做好，有很高的工作自觉性	10分	
⑤**学习能力** 接受新知识的能力、速度，是否能记忆、遵循并予以应用	若非一再教导无法消化，且无法正确运用在日常销售中。附注：	学习缓慢但通常能记住，看似吸收而实际上并没有真正消化	学习速度尚可且能记牢，但偶尔还需要向主管请教	学习快速，记忆良好，运用得当	超乎寻常的学习速度，能完全消化，自发地学习额外的知识提升自己	15分	

续表

评价项目	A 不满意（0%）	B 勉强（50%）	C 好（65%）	D 很好（80%）	E 优秀（100%）	此项分值	最终分值
⑥**出勤** 考虑工作的规律性和准时性	请假或迟到早退过多，频繁因个人原因换班。 附注：	经常请假、迟到、早退，及因个人原因换班	偶尔请假或迟到、早退，及因个人原因调班	极少请假迟到、早退，及因个人原因影响店铺班次	从不请假或迟到、早退，从不因个人原因影响班次	15分	
⑦**遵章守纪** 考虑员工是否按照营业员手册上的各项规章制定执行并遵守	不能认真贯彻落实各项规章制度，本人有记过处分。 附注：	贯彻执行规章制度不力，本人有警告处分或罚款现象	基本上能贯彻执行各项规章制度，但被口头提醒过	能贯彻执行各项规章制度，可以自我约束	不但个人能认真执行各项规章制度，也监督、敦促其他员工遵守公司相关规定	15分	

注：表格来源于百度文库（http://wenku.baidu.com/view/8ab3c1aeb4daa58da1114a14.html）。

薪酬：给多少才合适

门店在建立团队的过程中，有一个非常重要的问题，始终困扰着门店的管理者，这就是“究竟给多少薪酬才合适呢”？其实解决的方法很简单，门店只要本着一个原则就可以了，这个原则就是“按劳分配”。

因为“能者多劳”，所以“能者多得”。如果门店只做到了“能者多劳”，而忽视了“能者多得”，这样的门店是无法留住任何人才的。

门店在制定薪酬制度的时候，需要注意以下几个方面的内容：

（1）薪酬与岗位挂钩，岗位越重薪酬越高。岗位不同，薪酬也一定不同。道理很简单，门店经理的薪酬与门店导购的薪酬就不可能是一样的。

对于岗位工资的制定，门店需要做到透明、公开、准确，要让门店的员工都明白，最重要的岗位就可以拿到最高的薪酬。

（2）**薪酬与能力挂钩，能力越高薪酬越高**。在同样的岗位上，能力高的员工就可以拿到比其他人高的薪酬，因为能力高的员工可以解决很多别人解决不了的问题，做好其他人无法做好的工作。

门店只有让员工明白“能者多得”的道理，门店里的“能者”才会越来越多，这样的良性竞争对门店经营来说，无疑是一针最好的强心剂。

（3）**薪酬与奖罚挂钩，奖励与惩罚都要准确、明白**。无论是奖励还是惩罚，门店管理者都必须要让所有的员工明白，奖要奖得有道理，罚要罚得心服口服，这样的奖罚才能够起到真正的作用。

薪酬与奖罚挂钩不仅能够有效地提高员工的工作积极性，也能够让门店的运营进入正常的轨道。只有奖罚分明，门店员工才会真正明白，只有努力工作才会得到奖励。

（4）**薪酬要多层次，除了基本工资之外，还要有奖金**。门店的薪酬需要多层次，除了基本工资之外，还要有奖金、提成等。大多数门店的基本工资都不会很高，因此要想留住优秀员工，就必须要在奖金和提成上多想办法。

奖金和提成都与员工的业绩相关，这样是为了鼓励员工更好地工作，让员工不断提高自身的职业技能，从而给门店带来更大的效益。

（5）**薪酬与门店效益挂钩，让员工明白门店是大家的**。门店绝对不能够让员工认为，“干多干少都一样”或者“反正都是门店的事情，与我无关”。门店必须要让员工明白，“门店是大家的，门店好了，大家才会好。”要想解决这个问题，最好的办法就是把薪酬与门店的效益挂钩。

只有门店盈利了，员工才能够挣到更多的钱。实际上，员工辛辛苦苦地工作，就是为了能够改善自己的生活质量，而薪酬的多少直接影响他们的生活质量。由此可见，门店需要把自身的利益与员工的利益统一起来，这样才能够激励员工更好地工作。

总而言之，薪酬的多少不是门店能够决定的，而是员工的能力以及其对门店的贡献来决定的。

激励：只要给钱就可以了

门店的管理者对如何激励员工的问题想出了很多办法，但是这些办法中，真正奏效的却不是很多。有些门店的管理者不明白“为什么我的奖励很丰厚，员工却不领情呢”？实际上，这种情况就涉及另一个非常重要的问题。“是不是只要用钱激励员工就够了呢？”

对于这个问题，不同的店主会有不同的看法，但是经过实践的证实，只用钱来激励员工，不仅无法到达激励的目的，而且往往会收到适得其反的效果。因此，激励只给钱是远远不够的。

那么，门店究竟要如何激励员工呢？以下的激励方法，门店可以在实际工作中实践一下：

（1）**在员工中树立标杆人物，并且事事以标杆人物为先**。榜样的力量是最简单、最直接的激励方法，门店要在员工中树立标杆人物，并且事事都要以这个标杆人物为先。但是标杆人物不能够是门店内定的，而是要所有的员工公平选出来的。如此一来，门店的管理者就等于是在告诉员工，“任何人都可以成为标杆人物”。这样的激励才能够真正激发员工的工作潜能。

（2）**为员工确定销售目标，并且制定严格的奖罚制度**。管理者要将门店的总体目标分解成不同的小目标，使每一个员工都拥有专属的目标，这样就能够激励员工向着目标不断前进。而且在员工实现目标的过程中，门店需要有明确的奖罚制度，以此来保证实现目标的员工与没有实现目标的员工之间，有不同的薪酬、待遇及地位。

（3）**公开激励业绩好的员工，让员工对门店产生归属感**。激励员工的目的除了想让员工更加努力工作之外，也是为了让员工对门店产生归属感。实际上，归属感对门店和员工都是非常重要的。所以凡是业绩好的员工，管理者都必须要公开给予表扬，要让员工感受到门店的温暖，使员工对门店产生感情。同时，公开表扬业绩好的员工，不仅是对员工本人的激励，更是对其他员工的激励。

（4）**只要员工做出成绩，管理者就必须及时肯定并赞扬**。门店管理者要时刻把员工的成绩放在心里，并且对做出成绩的员工，要不吝啬地给予肯定和赞扬。这样做的目的就是为了在激发员工荣誉感的同时，也要让员工明白门店对任何人的成绩都是看在眼里、记在心上的。因此，门店管理者对于员工的肯定和赞扬，都必须要及时、准确，这样才能够起到真正的激励作用。

（5）**让员工参与到门店管理中，告诉员工"你很重要"**。既然门店的业绩需要所有员工的努力，那么门店的管理也需要所有员工的参与。让员工参与到门店的日常管理中，并且为门店的管理工作出谋划策，这样做才能够让员工意识到"我很重要"，这样的激励方式比任何形式的激励都有效果，因为员工会觉得被门店所认同和需要。

奖惩：公开还是私下

门店管理者把握奖励和惩罚的尺度是有一定难度的，最困难的部分就是，当奖励和惩罚的时候，究竟应该公开还是应该私下进行呢？

之所以门店管理者会有这样的困惑，是因为公开奖惩有公开奖惩的益处，而私下奖惩也有私下奖惩的说法，两者各有利弊。尤其对于门店经营来说，奖惩的公开和私下进行都会对员工造成不同的影响。

在奖惩时，门店管理者可以参考以下几点：

（1）**门店的奖惩要严格按照制度执行**。门店管理者首先必须要明确一点：门店必须要用制度管理人，绝不能够用人制约制度。同样的道理，门店的奖惩制度一定要是明文规定，只要符合规章制度，该奖励的就必须奖励，该惩罚的也必须惩罚，任何员工都不能够例外。

严格执行门店的奖惩制度，不仅会让员工心服口服，也杜绝了门店内部的不良风气，使每一个门店员工都明白，制度就是制度，任何关系和人情都不能够代替制度。只有这样，员工才会对奖惩制度产生敬畏之心，门店的奖惩才能够达到预期的目的。

（2）**对员工的奖励必须要公开**。门店对员工的奖励必须要公开，不仅如此，要让门店所有的员工都知道，为什么要奖励这名员工，用什么样子的方式来奖励这名员工，今后如果有员工做出同样的贡献，门店也会像今天这样进行公开奖励。

公开奖励员工一方面是为了激发员工的责任感和荣誉感，使被奖励的员工对门店产生归属感；另一方面也是在告诉其他员工，门店的奖励制度绝对不是“纸上谈兵”，任何人只要满足了奖励的条件，门店就会大张旗鼓地进行奖励。

（3）**对员工的惩罚尽量要私下进行**。与公开奖励相反，门店对员工的惩罚尽量要私下进行。因为惩罚员工的目的绝对不是让员工难堪，或者让其在其他员工面前抬不起头来。惩罚员工的目的是为了让员工改掉工作中的坏习惯，进而能够更加努力地完成工作任务。

因此，惩罚需要门店管理者私下与员工进行沟通。然而，私下进行惩罚也是要有“度”的，对待那些屡次犯错误，不但不知道改正，反而变本加厉的员工，门店管理者就必须要公开地进行惩罚，必要时候，可以公开开除该员工。

（4）**奖励和惩罚必须视情况而定**。门店管理者可以抱着“公开奖励，私下惩罚”的原则，具体情况具体分析。

确定公开还是私下的标准是门店的利益。如果公开奖惩对门店利多弊少，门店管理者就应该选择公开。相反，如果公开奖惩对门店弊多利少，门店管理者就应该选择私下。

总而言之，无论是公开还是私下，都必须要以门店的利益为第一要素，当然也要考虑到员工的利益以及对员工的影响。实际上，奖惩对于门店和员工来说都是大事，因此门店管理者必须要慎之又慎，在综合各方面利弊的情况下，再做出决定。

沟通：抱怨压下去就可以了吗

门店员工与顾客之间、员工与员工之间、员工与管理者之间的沟通有些是有效的，而有些则是无效的。大多数情况下，我们关注的都是有效沟通，实际上，对于无效沟通的处理才能够体现出员工的真实素质。

大多数人在面对无效沟通的时候，都会选择把抱怨压在心里，但是这样就真的没事了吗？实际上被压制的抱怨不仅不会消失，反而会随着时间的变化转变为心里的怒气，或者是对沟通对象的不满。

那么，在沟通中如果有不良情绪产生，你应该如何处理呢？

（1）**就事论事，不要把抱怨压在心里**。沟通的过程不会是一帆风顺的，因此在沟通中要学会就事论事，不要把无端的抱怨压制在心里。实际上，如果你能够冷静地想一想，平复一下激动的心情，你就会发现事情其实没那么糟糕。

你需要把沟通对象的感受，尤其是顾客的感受放在第一位，这样你才能够成为真正优秀的导购、销售员。

（2）**加强交流，将不满化解在互动中**。沟通就是彼此交流意见的过程，尤其是导购与顾客之间的沟通，更是彼此磨合意见的过程。因此如果在沟通的过程中，顾客不满或者误解了导购的意思，那么导购必须要加强交流，绝对不能够保持沉默。其实，不满和误解都是因为无效沟通所造成的，要想纠正不正确的沟通，导购就必须要继续表达自己的观念，在深入的交流中解除顾客的不满和误解。

（3）**适度停顿，不要在对方情绪激动的时候强行沟通**。如果顾客的情绪有些激动，导购一定要注意，不要在这个时候与顾客进行交流。任何人都会有情绪失控的时候，导购就应该避开顾客情绪最差的时间段。

有些导购会在顾客情绪失控的时候进行解释，这个时候任何解释，在顾客的眼中都会变成狡辩，顾客会认为导购是在推卸责任。因此导购要懂得避开顾客的不良情绪，用适度的停顿给顾客留下冷静的空间。

（4）**调整频道，保持与对方同一个频道**。无论是顾客的抱怨还是导购的抱怨，都是因为沟通的双方不在同一个沟通频道上。因此导购必须掌握一门技巧：随时调整频道。

只要能够与顾客保持在同一个沟通频道上，沟通中的误解、不满、抱怨完全是可以避免的。因此，只要导购能够掌握沟通的主动权，及时调整不良的沟通状态，沟通就能够顺利地进行下去。

（5）**适当宣泄，找到宣泄抱怨的合理途径**。任何的不良情绪都是需要排解的，如果将不良情绪积压在心里，那么等爆发出来的时候，就会具有非常强大的破坏力。因此，门店员工一定要找到合理的途径，把内心的不良情绪宣泄出来。

有些门店管理者不允许任何员工抱怨，一旦听到抱怨就会非常恼火。这样只会加剧员工的心理负担。当员工在抱怨的时候，管理者需要做的是排解，而不是压制。

授权：做个“甩手掌柜”吗

门店的管理者需要懂得如何授权，同样也应该懂得授权并不等同于做一个“甩手掌柜”。在管理门店的过程中，对门店的某些事物以及人员进行适度授权，这正体现了管理者的管理艺术。

然而，授权并不等于“交权”，授权之后，门店管理者还必须要起到监督、检查的作用。因此，门店管理者不能够把授权当成推卸责任和义务的手段。授权的最终目的是要集中门店的一切优势，把事情做到最好。

（1）**授权对于门店经营的意义**。在门店的经营过程中，管理者需要适度、适当、适时地授权给门店员工，尤其是对某项重要而具体的工作任务，门店员工有了明确的授权之后，才能够真正大胆地进行创新。

授权对于门店的意义一方面是针对管理者的，授权之后，管理者可以有更充足的时间做好自身的管理工作；另一方面是针对门店员工的，授权之后，门店员工的工作热情和积极性一定会有很大的提高，从而将门店的工作完成得又快又好。

（2）**门店经营中授权的原则**。门店无论任何形式的授权都要本着明确责任和权力的原则，实际上，管理者将权力授予门店员工，也就是要让门店员工承担起更多的责任。

授权原则是与授权目的紧密相关的，因此被授权的员工同时也必须要完成更多、更困难的工作任务，并且承担更多的责任。责任越大，授权的范围就会越大，权力自然也会越大，所以在门店的经营中，授权需要掌握好度。

（3）**门店经营中授权的程序**。门店经营的规模虽然有大有小，但是授权的程序必须要完备。因为只有这样，授权之后的工作才能够更加顺利地进行。

首先，大多数的授权都是公开的；其次，授权要明确个人或者团队的责任和义务；再次，授权要有具体的时间限制；最后，管理者要明文规定被授权者的权限。同时，在授权的程序中，必要时管理者可以把授权的内容形成文件，在门店内部进行一次通告。

（4）**门店授权采用的方法**。门店的授权方法是多种多样的，管理者可以灵活地掌握，具体的方法需要根据具体工作而定。

门店授权的方法大致分为三种：第一种，权限和时间授权法，明确规定授权的工作和时间，通常情况下，这种授权会随着工作任务的完成而失效。第二种，限定被授权人法，明确此项授权的员工，除此人之外，其他人都不在授权的范围中。第三种，采取公开的授权形式法，这种方法既能够让其他员工明了授权的内容和责任，也能够让被授权人始终处于监督之中。

（5）**门店授权的注意事项**。门店管理者在授权的时候，一定要明确权限、责任人、时间、内容，以及授权如果出现问题，需要如何解决，同时也必须申明管理者的监督作用。

总之，授权既不能够太过宽松，也不能够太过紧压。管理者对被授权人既有监督的责任，也要有为其做主、撑腰的作用。门店管理者可以本着一个原则：只要为了工作，而且没有影响到门店的正常经营，那么完全可以让被授权人自己做主。

提拔：业绩最好的一定能提拔吗

对于门店员工的提拔，所有的人都会认为只要业绩好，就应该被提拔。但是这些人也许忽视了一点，被提拔起来的门店员工，是否能够胜任新的岗位和职务。如果让一个只会做导购的人，去做管理工作，结果肯定非常糟糕。因此是否提拔一个人的准则是，这个人是否具备胜任新岗位的能力和实力。

有些门店一定经历过这样的事情，一个业绩最好的员工得到提拔之后，业绩不仅不再优秀，而且在新的工作岗位上一天比一天工作得更糟糕，最终只能够无奈地离开门店。

这是为什么呢？其实，业绩最好的员工不等于管理能力也好，因此门店在提拔员工的时候，必须要注意以下几个方面：

（1）针对工作岗位考量员工的能力。门店管理者不要唯业绩论，而是应该根据岗位而来考量员工。员工有怎样的能力就让其做怎样的工作，比如，如果员工是一个非常好的销售，管理者却偏要他负责门店的日常管理，这样做不仅不能够发挥员工的优势，反而会让员工陷入非常困难的境地。

（2）员工的特质不同，适合的工作岗位也不同。门店管理者必须了解自己的员工，每一个员工的优势不同，因此适合的工作岗位也是不同的。

门店管理者在提拔员工的时候，最需要考虑的是员工是不是真的适合新的工作岗位。

（3）**提拔员工的时候，管理者应该要有所说明**。在门店的日常管理中，最忌讳的就是员工之间因为提拔问题而产生不必要的隔阂，有些管理者只管提拔，而不进行说明，这样做最容易让员工之间产生心理猜忌。

尤其是在能力均等的条件下，被提拔的员工自然会沾沾自喜，但是落选的员工一定会心理不平衡。因此管理者要对提拔的原因加以说明，尽量减少落选员工的心理负担。

（4）**员工被提拔之后，更需要管理者的帮助**。员工被提拔之后，面对新的关系和新的岗位，肯定需要适应一段时间。这个时候门店管理者需要适当地帮助员工，使员工尽快适应自己的新岗位。

如果门店管理者能够适度介入，那么其他员工，尤其是落选的员工会有所收敛和配合。但是门店管理者的介入不要过度，否则就会起到反作用。

解雇：谁最应该走

在解雇员工的时候，门店管理者需要做好以下几个方面的工作：

（1）**确定解雇员工的原因**。门店在解雇员工的时候一定要先明确解雇的原因，不要用“不适合工作岗位”或者“与门店要求还有距离”这样模棱两可的话，原因必须要准确、具体。

实际上，解雇的原因对于门店来说也许只是一个理由，但是对于被解雇员工来说却是非常重要的，因为解雇理由不明确会伤及员工的自尊心。

（2）**与被解雇员工面对面**。有些门店管理者会间接地通知被解雇的员工，这样的做法不仅会激化门店与被解雇员工之间的矛盾，也会让员工认为门店不尊重自己。

门店管理者必须与被解雇的员工面对面，一方面面对面时说出的解雇原因，员工比较容易接受；另一方面也有助于门店将解雇员工的不良影响降低到最低点。

（3）给被解雇员工辩解的机会。门店管理者应该允许被解雇员工，针对被解雇的原因为自己进行辩解。这样做的益处有两点：第一，员工可以为自己说话，可以大幅度降低员工对门店的不满，而且可以适度地排解员工的不良情绪；第二，如果门店管理者误会了员工，通过员工的解释，也许门店能够纠正一次错误的解雇行为。

（4）给被解雇员工留面子。门店管理者在解雇员工的时候，最好不要公开通告，要给被解雇员工留足面子。不要让被解雇的员工对门店有怨气。门店管理者应该让被解雇员工明白一个道理：解雇他不是他不够优秀，而是他的确不能够胜任门店的工作。这样既给足员工面子，也给门店树立了好形象。

（5）解雇员工要慎之又慎。关于谁应该被解雇的问题，门店管理者应该要综合考量，一方面要根据门店的具体情况，将最不能够胜任门店工作的员工解雇；另一方面不是能力强的员工就一定可以留下，而解雇能力强的员工也是门店管理者必须面对的难题。

门店管理者要保证，能够留下来工作的员工既要有过硬的专业技能和职业精神，也必须要对门店忠诚。如果一个能力强但是对门店没有忠诚度的员工，和一个能力一般但对门店相当忠诚的员工，两者之间要解雇一个的话，最正确的选择就是留下忠诚度高的员工，解雇能力强的员工。

挽留：他为什么要走

优秀员工的流失，也是门店管理者在管理过程中要面对的另一个难题。优秀员工对门店来说一方面就是门店利润的保证，另一方面也是门店形象的重要体现者。如果一家门店无法留住优秀员工，这家门店是不会有任何前途可言的。

从门店经营的角度来看，只有留住更多优秀员工，门店才能够有更好的发展前景，才能够赢得更多的利润。那么，门店要如何挽留住优秀员工呢?

（1）**私下调查员工要离开的原因**。当优秀员工有离职的迹象时，门店管理者就必须给予关注。为了更好地挽留优秀员工，门店管理者应该从其他员工那里开始调查，找到优秀员工想要离职的真实原因。

门店管理者的这种调查，应该私下进行，不要影响门店员工，尤其是要离职员工的正常工作。只有知道了优秀员工离职的真正原因，管理者才能够有效地挽留住优秀员工。

（2）**与要离职的员工深入交谈**。调查清楚优秀员工离职原因之后，门店管理者应该找一个合适的机会，与其进行深入交谈。通过交谈，门店管理者可以进一步了解员工的具体想法。

实际上，沟通能够解决很多棘手的问题，因此门店管理者不要避讳与员工的沟通。只有掌握优秀员工要离职的真实想法，门店管理者才能够成功地挽留。

（3）**检查门店自身存在的问题**。通过挽留优秀员工，门店一定要进行自我检查，进一步弥补门店制度上存在的漏洞，防止优秀员工离职的事情再一次发生。

门店之所以要如此重视优秀员工的离职情况，一方面是因为优秀员工对门店是非常重要的；另一方面优秀员工对于其他员工的影响也是非常大的。

（4）**门店制度要有意向优秀员工倾斜**。为了能够挽留更多的优秀员工，门店的制度应该适度地向优秀员工倾斜，比如对有些员工的奖励可以高一些，也可以让优秀员工更多地参与到门店的经营决策中。

与其等到优秀员工要离职的时候，才想极力挽留，不如在一开始的时候，就给予优秀员工更多的优惠制度。

（5）**给优秀员工更多的发展空间**。门店挽留优秀员工的最好方法就是给予优秀员工更多的发展空间，如果优秀员工认为在门店中有上升的空间，他们则会忽略一些薪酬、待遇上的不满意。

但是，如果门店压制优秀员工的发展，大多数的优秀员工都会选择离开门店。

（6）**挽留需要更多的耐心和诚意**。如果门店的优秀员工真的要离职，门店一定要态度鲜明地进行挽留。这样做的好处主要有两点：一方面挽留一个优秀员工对于门店来说就是减少一份损失；另一方面如果优秀员工辞职，对于其他员工的冲击力也会很大。

试想一下，如果你是门店的员工，看见那么优秀的员工都辞职了，你一定会对门店的未来和发展产生怀疑。因此优秀员工的离职会造成一定的负面影响，门店管理者必须要杜绝这种情况发生。

2. 建立规章制度

即使只有两个人，也要有规章制度

规章制度对于门店来说就是灵魂，门店没有制度，就会变成空架子。因此无论门店中有几个人，门店都必须要建立规章制度，并且要不断地完善各种规章制度。

门店只有做到了用制度管理人，那么再小的门店也会有好的前途。相反，如果门店只是用人管理人，那么再大的门店也会很快出现经营危机。那么，制度对于门店究竟会起到哪些作用呢？

（1）**用制度说话杜绝人情债**。门店的日常事务是非常烦琐的，因此会有许多的人情存在，而制度可以杜绝这些所谓的“人情债”，使门店能够进入到正常的经营轨道中。

总之，门店经营很多时候不能够讲人情，因为人情会导致很多不良的后果。要想不背负这些人情，就必须要完善各种规章制度，用制度说话才是避免人情债的最佳方案。

（2）**制度可以让所有人平等**。门店内部的员工一定会有职务和岗位的区别，制度则可以让人人都处于平等的环境中。

门店的经营尤其需要这种平等的关系，否则门店的内部就会出现严重的不平衡，甚至导致门店无法正常地经营和销售。

（3）**制度可以规范人的行为**。用人来管理人总是会出现这样或者那样的问题，因此只有制度才能够彻底规范门店所有员工的行为，使门店员工能够在制度的管理下，正常有序地完成工作任务。

总之，制度就是为了规范员工的行为，在规范员工行为的过程中，要奖励有进步、有贡献的员工，惩罚犯错误、不遵守制度的员工。

（4）**制度可以让门店井井有条**。有些门店管理者不明白，明明自己什么工作都做到位了，为什么门店的经营还是非常混乱呢？答案非常简单，这是因为门店的制度没有建立起来。

如果门店建立起合理的制度，管理者就会发现，原来有很多无法解决的问题，在制度面前就变得轻而易举，门店的经营也变得井井有条了。

（5）**制度可以减少矛盾和摩擦**。门店的员工之间不可避免地会有一些矛盾和摩擦，即使管理者能够及时化解这些矛盾，员工之间也会留下一些隔阂。因此，最好的方法就是让门店的一切都有制度可以遵循。

只要制度可以建立并完善，因为制度可以从根本上杜绝一些矛盾和摩擦的产生，归根究底，制度的存在就是为了让员工之间能够有相处的准则。如果每一个员工都遵守这个准则，工作就会进行得更加顺利。

（6）**制度可以让员工各尽其职**。建立制度之后，员工就会清楚自己的岗位需要做哪些工作，如此一来，管理者只要做好监督、检查工作就可以了，没必要每天都反复安排员工的工作任务。

因为有制度在，所以员工都会很清楚，完成工作会得到什么，不完成工作又会得到什么；做哪些工作可以得到奖励，做哪些行为会受到惩罚。如此一来，员工就能够做到各尽其职了。

根据实际情况，制定一套合理的制度

门店的经营范围、规模都是不同的，因此各自的实际情况也都有所不同，要让规章制度在门店里得以推广，就必须要建立一整套符合门店实际情况的、合理的规章制度。

如何才能够建立一套符合门店实际情况，并且合理的规章制度呢?

（1）**考察门店内部的人员和日常工作**。制定制度之前，一定要对门店内部的人员以及日常的工作情况了如指掌。只有这样，才能够让制度符合门店的实际情况，才能够让员工更好地执行。

如果制定制度的管理者，连门店的具体情况都无法掌握，制定出的规章制度一定不会得到员工的支持，也不能够给门店的经营带来帮助。

（2）**分析区域商圈的条件和竞争环境**。门店的制度不仅仅只针对门店，也必须要考虑到区域商圈的竞争环境，还要考察一些与门店同类型店铺的规章制度，因为只有知己知彼，才能够制定出更加合理、完善的制度。

实际上，区域商圈的环境对门店制度的制定影响非常大，门店制度只有符合区域商圈的竞争规则，才能够将门店经营带入到正确的轨道上。

（3）**制定制度草案，试行一段时间**。门店制度不是一蹴而就的，需要经过反复地试行和修改，才能够最终确定下来。制度草案得到通过之后，必须要进入到试行的阶段。

在试行制度的过程中，管理者必须要时刻注意门店的经营情况以及员工对制度的态度和适应能力，同时要准确记录制度不合理的地方。

（4）**制度试行之后，进一步进行完善**。制度在试行之后，一定会发现一些不合理的地方，针对这些不合理的地方，门店管理者需要及时修改，并不断完善工作。

只能这样，制度才能够更加合理，正式执行的时候才能够更加顺利。

（5）**制度完善之后，正式开始执行**。制度在试行和完善之后，就开始进入正式执行的阶段。正式执行的制度不是没有修改的可能，但是修改的空间已经非常少了。

正式执行的制度必须成为门店里每一个员工的行为准则，管理者在这个阶段的主要任务，就是让门店的全体员工熟悉制度，并且牢记制度。

（6）**执行制度期间，不间断考察效果**。制度在执行的过程中，门店的管理者需要不间断地考察制度所带来的效果，特别是比较差的效果，然后进行分析，究竟是员工的问题，还是制度本身的问题，将制度不断优化。

门店的实际情况虽然各自有所不同，但是同类型门店的制度，还是有一定程度的借鉴价值的，尤其是对门店新手来说，研究其他门店的制度，能够帮助自己制定出更适合自己的制度。

严格执行，不要让制度只停留在纸上

门店的全体员工必须严格地执行门店的规章制度，包括门店店主。如果无法做到制度面前人人平等，那么制度也就变成了“纸上谈兵”。那么门店在执行制度的时候，需要注意哪些事情呢？

（1）**言明制度，让全体员工都熟知**。制度开始执行的时候，门店管理者必须要让门店的全体员工熟知制度的内容，并且要反复地强调制度的重要性以及重点制度的执行方案。

门店管理者在言明制度的时候，必须让全体员工都明白，制度就是制度，门店的全体员工包括管理者都必须严格执行。

（2）**明确制度，不为任何员工破例**。制度在执行的过程中，一定会遇到一些特殊的情况，比如：今天下大雪，部分路段不通车，那么员工迟到了，是不是就不应该罚款了呢？答案是否定，既然员工迟到了，就必须要按照制度进行惩罚。

门店在遇到类似天气原因而造成的迟到，或者违反制定的情况，可以在执行制度之后，再给员工一定的补偿，比如：车补、饭补。

（3）**奖罚有度，制度面前不讲情面**。制度中规定的奖罚必须执行到位，不能够因为任何人而有所改变，要让门店的全体员工明白，制度面前是没有情面可以讲的。

实际上，门店的制度之所以会变成一纸空文，正是因为很多的人情和情面，如果门店管理者无法正确处理情面问题，那么门店制度只能够停留在纸上。

（4）**增强观念，将制度落实到位**。门店管理者不仅要加强员工的制度观念，更加要增强自身的制度观念，只有管理者首先遵守制度，门店员工才能够以管理者为榜样，进而遵守门店的制度。

（5）**加强管理，为执行制度创造条件**。要想在门店中将制度执行到位，就必须要加强对门店各项事务的管理。

对于门店经营来说，有效的管理就是在为执行制度创造条件，同样严格地执行制度，也是在为门店管理奠定基础，两者是相辅相成的。

（6）**强化监督，管理者和员工都要接受监督**。无论是普通员工还是管理者，甚至是门店店主都必须要接受监督。失去监督的制度，就如同失去监督的权力一样，会变得非常糟糕。

制度是管理人的，因此制度面前应该人人平等，而监督机制是保障制度执行的重要手段。

随时更新制度

制度对于门店来说，不仅是经营盈利的保障，也是员工利益的保障，因此制度需要根据门店的情况随时更新。因为门店的规模和经营都是会变化的，所以门店的制度也必须要随时更新。

那么，门店在什么情况下需要更新制度呢？门店在更新制度的时候，需要做好哪些工作呢？以下几个方面是门店更新制度时需要注意的：

（1）**明确需要更新的制度，涉及面不要过宽**。门店的制度一旦确定之后，就不要随意地更改，除非现行的制度，的确无法满足门店的发展需求。

在更新制度之前，门店必须首先明确需要更新的制度，最好能够明确标明是哪一条哪一款，涉及面不要过大，能够不更新的制度，尽量要保持原样。这是因为门店的现行制度已经被员工所认同，如果随意地更改制度，不仅会引起员工的不适，也会直接影响门店的经营。

（2）**找到更新制度的理论基础，不要过于盲目**。门店更新制度必须要有理论基础，用理论结合实际，才能够做到有的放矢，而不是跟风、盲目地更新制度。

因此门店管理者需要在认真研究理论的基础上，结合门店现有的实际情况，最终决定是否要更新门店的某些制度。这是因为门店的制度就是门店的灵魂，随意地更新只能够让门店陷入困境。当然，当必须更新制度的时候，门店管理者也不要犹豫。

（3）**制度的更新，需要听取全体员工的意见**。门店制度之所以需要随时更新，有一部分非常重要的原因就是为了维护员工的利益，因此门店的全体员工都应该参与到更新制度的工作中。而且只有最基层的员工，才知道哪些制度是合理的，哪些制度需要更新了。所以制度的更新，需要听取全体的员工的意见。

（4）**制度更新之后，需要试用一段时间**。更新的制度也需要试用时间，在试用期期间，管理者必须时刻关注更新制度的执行情况以及员工对更新制度的态度和意见。

如果更新的制度出现问题，门店也不要立刻撤销，而是要精心研究，明确问题出现在哪里后，再对更新制度进行修改，完善后再继续执行。

（5）**门店制度要保持与市场、商圈同步前进**。当门店的制度无法适应门店的销售和经营，或者落后于市场、商圈的需求，门店就必须立刻更新制度，并且要跟随市场、商圈的步伐。

由于市场和商圈都是门店生存、发展必不可少的条件，因此门店必须保持与市场、商圈同步，而门店的制度就是保持同步的基本条件。由此可见，无论制度中任何一条不能够符合需求，门店就必须要随时更新落后的旧制度。

建立明确的考核制度

门店需要定期对员工进行考核，因此考核要形成固定的制度。实际上，通过对员工的考核，一方面门店能够明确近一段时间内员工的工作状态以及员工现在所存在的问题；另一方面员工自己也可以总结一下近期的工作，确定哪些需要坚持，哪些需要改正。

由此可见，定期的考核无论对门店，还是对员工都是必须的。那么，如何才能够让考核发挥最大作用呢？答案就是要建立明确的考核制度。

（1）对员工日常工作的考核。员工日常工作的每一个步骤都需要随时考核，比如：上下班的时间、理货的标准、库房的清理等。对日常工作的考核，正是为了员工能够更好地工作，并认真地执行门店的制度。

（2）对员工工作技能的考核。门店员工需要有一定的工作技能，这些工作技能不仅能够帮助员工顺利地完成工作任务，也能够给门店带来利润。

因此门店对员工的工作技能不仅要定期培训，更要定期考核。关于考核的时间、程序、内容、结果都必须要形成制度，只要按照制度进行考核，员工不但不会对考核结果存在疑问，而且还能从考核结果中看到自身的不足，从而加以改进。

（3）对员工专业知识的考核。门店员工的专业知识是需要随时更新的，因此对员工专业知识的考核也必须形成制度，以此来了解、掌握员工的专业知识是否应该更新，或者更新到什么程度。

如果门店不对员工的专业知识进行考核，那么门店即使培训，也不知道该培训些什么。因此将员工的专业知识纳入到考核制度中，门店才能够及时地给员工培训新的专业知识。

（4）对员工责任心的考核。责任心不仅对员工，而且对门店都是非常重要的，因此责任心的考核必须要建立相应的制度，要长期地、不间断地对员工的责任心进行考核。

大多数的考核内容都可以是定期的，每隔一段时间考核就可以了，唯独责任心的考核必须是长期的、不间断的。道理非常简单，如果员工的责任心不强，那么再优秀的员工也无法完成最简单的工作任务。

（5）**考核制度不能够只针对员工**。门店的考核制度不能够只针对下属员工，对管理者也必须要一视同仁。对下属员工的考核项目，管理者也必须要参加，而且必须要成为考核中成绩优异的人。

如果门店的管理者在各项考核中，都要比下属员工的成绩差，管理者今后则很难服众。因此考核制度必须是人人平等的，这不是在为难管理者，而是在帮助管理者树立自己的威信。

（6）**考核结果必须有第三方监督**。考核的过程和结果都应该有第三方进行监督和检查，这样做的目的就是为了保证考核的公正性，也是为了保证考核结果在员工心目中的权威性。

当然了，不是每一个考核项目都要有第三方在场，比如日常考核以及门店内部考核。但是如果考核结果关系到员工的升迁、薪酬等大事，就必须要有第三方进行监督才能保证公平合理。

3. 客户管理：客户为先，服务至上

“以顾客为中心”，不是一句空话

顾客就是门店的中心，门店的一切制度、规章、服务等，都是为了让顾客能够与门店达成交易。因此“以顾客为中心”这一句话，对于门店来说绝对不能够成为一句空话，否则门店就会为此而付出非常惨重的代价。

那么，门店要如何才能够切实做到“以顾客为中心”呢？以下几个方面，门店在日常经营和销售中必须要做到的：

（1）导购学会换位思考，时刻为顾客着想。导购是与顾客接触最多的人，因此门店的每一位导购都必须要懂得换位思考，经常地想一想“如果我是顾客，我会……”，这样做不仅能够让导购更加容易接近顾客，而且

也会让顾客有“宾至如归”的感受。

（2）**以顾客的喜好来摆放商品**。门店中商品的摆放必须要按照顾客喜欢的方式，比如：一般顾客都喜欢从价格便宜的商品开始浏览，那么门店就必须要把价格便宜的商品摆放在顾客最容易看到、拿到的地方。有些门店违背这样的原则，试图要指挥顾客购物，结果不是失去了顾客，就是要面对顾客的指责。因此顾客的喜好就是商品摆放位置的原则。

（3）**以顾客的理念来完善销售和服务**。实际上，站在顾客的角度看待门店，与站在门店的角度看待顾客，都会产生一定程度的偏差。门店要想真正做到“以顾客为中心”，就必须要用顾客的理念来销售和服务。门店必须学会与顾客进行平等交流，用心去体会顾客的购物理念，接受顾客对门店的看法，只有这样，门店才能够真正理解顾客的理念，并以顾客的理念为先。

（4）**以顾客的需求来调整门店的经营**。顾客对于商品的需求不仅能够帮助门店赢得更多的利润，而且更是门店未来经营和发展的方向。因此深入地了解顾客的需求和要求，才是门店最应该完成的工作。其实，门店之所以能够盈利，正是因为迎合了顾客的购物需求，所以门店的经营方向，必须和顾客的购物方向是一致的，只有这样，才能够保证门店的利润。

（5）**充分与顾客进行互动，随时了解顾客动向**。门店应该多做一些促销活动，或者反馈、答谢顾客的活动，以此来保持与顾客之间的互动交流。门店在与顾客的互动中一方面能够准确地了解顾客对购物的全新动向，并以此为依据及时调整门店的经营方向；另一方面也能够让顾客更加深入地了解门店，并为门店未来的发展提供宝贵的意见和建议。

尽可能为顾客提供零缺陷商品

门店需要尽最大的可能为顾客提供没有缺陷的商品。如果门店能够做到这一点，则会为门店带来无限的商机和发展空间。

那么，门店要怎样做才能够给顾客提供零缺陷的商品呢？

（1）**从商品源头抓起，保证进货渠道的正规性**。几乎所有的门店都没有自己的生产工厂，因此门店首先必须要保证进货渠道的正规性。虽然正规的进货渠道也无法保证商品零缺陷，但是能够过滤掉很多人为的因素。

（2）**严格检查店面商品，及时发现有缺陷的商品**。商品进入店面之后，在陈列在货架上之前，还要认真再一次检查。因为很多商品从库房出来的时候，都是带有包装的，而商品陈列在货架上的时候是需要打开包装的。因此在这个时候，店面导购需要将商品再检查一次，这一次的检查非常重要，有缺陷的商品往往是在这个时候被陈列到货架上的。

（3）**反复检查商品，在顾客之前发现缺陷**。店面导购每一天的一项重要工作，就是检查货场里的商品，反复检查商品的目的，则是要在顾客之前发现缺陷商品，及时发现才能够及时更换。

有些导购不理解，既然库房出来的商品是没有问题的，那么还有必要随时都检查吗？答案是肯定的。店面商品必须随时检查，因为在商品陈列和销售的过程中，也会对商品造成一定程度的损坏。及时更换这些受损的商品，才能够保证给顾客提供零缺陷的商品。

（4）**制定严格的商品质量管理制度**。商品质量管理严格而完善的制度是零缺陷商品的保护伞。

门店可以定期开展商品零缺陷质量管理培训工作，让每位成员都能够掌握商品零缺陷管理的基本知识和基本方法。通过提高自身的工作技能，努力为顾客提供零缺陷商品。

价格要坚持公平、合理的原则

实际上，门店商品的价格是有很大的自由度的，我们最直接的感受就是，同样的商品在不同的门店里，价格差别很大，甚至有些商品的价格差，让顾客觉得不可思议。

作为一家想要获取利润，同时也需要不断发展的门店，你的商品价格必须始终遵循两个原则：公平、合理。

从门店经营的角度来看，这两点原则并不难遵守，但是站在市场的角度来看，面对竞争的压力以及各种诱惑，要想坚持公平、合理的原则就是很难了。

（1）**坚持价格的公平原则**。基本上门店中的商品都不是独家销售，在区域商圈中很可能就会出现同类型同款式的商品，因此，门店所定商品价格一方面需要参考其他门店的同类型同款式的商品价格，另一方面也要做出属于自己的判断——什么样的价格才是公平的？

显而易见，现在市场的价格是开放的，各家门店之间也存在着竞争的关系，因此门店所制定的商品价格更要是公平的。

（2）**坚持价格的合理原则**。任何顾客对于市场的了解，都不可能超越门店，只有门店最清楚，商品在市场中什么价位才是最合理的。如果商品价格过高可能无人问津；如果过低的话，顾客还要跟你讨价还价，有可能到头来是微利，甚至没有利润。因此，只有坚持价格合理原则的门店，才能够最终赢得市场。

（3）**坚持让利顾客的原则**。商品的价格是门店与顾客之间最难解决的问题，门店需要高价格的商品来盈利，而顾客则希望商品越便宜越好。因此对于商品的价格问题，永远都是门店与顾客争论的焦点。实际上，门店和顾客都有自己的道理，但是在价格问题上，门店需要多为顾客着想。

在一定的时期里，门店应该把部分商品的价格降低一些，因为只有懂得让利给顾客的门店，才能够最终赢得更多的顾客。其实，门店让给顾客的不是“利”，而是门店的诚意，任何顾客都会接受门店用让利的方式所表达的诚意。

（4）**门店不要唯价格论**。门店不要把眼光只盯在商品的价格上，门店必须要懂得一个市场规律：唯价格论的门店，最终都会无法继续经营下去。归根究底，商品的价格决定不了门店的未来，只有顾客才是门店发展的最有利因素。所以门店的工作中心是顾客，而不是商品的价格。

商品的价格只是门店吸引顾客的一种手段和方式，但是无论如何，门店都不能够丢掉自己的商业良心。有些门店在新品上市的时候，趁着顾客还不是很了解新商品，就漫天要价。这种情况下，即使门店赚到了顾客的钱，也会失去顾客的信任和忠诚，是非常得不偿失的做法。

和老顾客建立情感联系

老顾客是门店盈利的保证，因此门店对待老顾客的方式必须与其他顾客不同，不仅要在商品的供应上优先满足老顾客，而且更要与老顾客建立情感上的联系。门店与老顾客之间的情感联系，门店需要主动与老顾客保持联系，让老顾客感觉到门店的关心。

实际上，门店与老顾客建立情感联系的方法有很多，比如在老顾客生日的时候，发一条生日祝福，或者门店的新商品只对老顾客有折扣。

要想与老顾客建立情感联系，门店就必须保持与老顾客之间的沟通、互动，那么门店需要做好哪些客服工作呢？

（1）**老顾客的档案要单独进行管理**。门店对老顾客的界定必须要清楚，一旦顾客达到了老顾客的标准之后，这些顾客的档案就必须要单独进行管理。

老顾客的档案单独管理的益处有两点：第一，给客服提供最清楚的顾客资料，使客服工作有的放矢；第二，门店可以深入了解老顾客对门店商品的需求。

（2）**客服要定期与老顾客进行互动**。门店的客服必须定期与老顾客进行互动，在如今的自媒体时代，门店可以做一些自己的杂志、简报等彩页发给老顾客。但是门店客服必须要注意，这种互动需要有周期性，不能够随时想起来随时发。尽量要避免引起老顾客的不适感，也不要打扰老顾客的日常生活，否则有些老顾客会直接屏蔽门店的消息。

（3）**老顾客的新动向门店要了如指掌**。在门店与老顾客的互动过程中，门店需要集中收集老顾客的新动向，比如：老顾客现在对什么样的商品感兴趣？老顾客最近购买了哪些与门店商品同类型的商品？

掌握老顾客的新动向可以给门店调整商品结构提供依据，而且也能够让门店充分了解老顾客的购物需求。

（4）**特殊的日子里给老顾客送特殊的祝福**。门店对于老顾客的生日、结婚纪念日，甚至是老顾客家人的生日等一些特殊的日子都必须有备案，在特殊的日子里给老顾客送个特殊的祝福。

这样做不仅能够让老顾客感受到门店的关心，而且也能够用最少的代价，换得老顾客对门店最大的感动。

总而言之，门店在与老顾客建立情感联系的过程中，门店要掌握主动权，用最简单、最直接的方式来打动老顾客，使老顾客愿意继续光顾门店。

建立会员制度，培养顾客的忠诚度

在时机成熟的时候，门店可以建立会员制度，培养顾客的忠诚度。

那么，门店在建立会员制度、维护会员制度的时候，应该要做好哪些工作呢？

（1）建立完善的会员制度，让会员得到更多的优惠。对顾客来说，成为会员就是为了享受优惠，因此门店对会员的优惠政策一定不能够吝啬，否则会员制度也就失去了其该有的意义。

（2）对会员的管理必须要系统化，放宽会员准入条件。对会员的管理必须是系统的，并且门店要放宽会员准入条件，使进入门店的任何顾客，都能够成为门店的会员，进而享受门店所提供的服务和优惠。

对于会员的管理一定要到位，使会员在主观上认为，门店对会员是区别对待的，这样做就是为了让更多的顾客愿意成为门店的会员。

（3）为会员准备更多的活动，使会员产生优越感。门店要定期举办会员优惠活动，而且在活动期间要加大宣传力度，这样一方面可以让会员产生优越感，另一方面也能够鼓励其他顾客成为会员。

门店会员优惠活动要达到的效果就是让会员感觉自豪、骄傲，让非会员感到羡慕。如果非会员能够产生“我为什么不是会员”的想法，门店的会员活动就是成功的。

（4）组织会员见面会，让会员互相认识。门店在条件允许的情况下，可以组织会员到门店之外的地方聚会，这样一方面可以加强门店对会员的了解，另一方面也让会员觉得这家门店与众不同。

当然，会员聚会所有的费用一定是门店负担。会员见面会应该遵循自愿的原则，当会员明确表示不能够参与的时候，门店客服应该礼貌地表示理解，千万不要反复地强行邀请。

（5）**会员之中还有会员，让高级会员占据优势**。当门店的会员数量达到可观数量之后，门店可以将一些消费高、资格老的会员升级为高级会员，让高级会员能够享受更多的优惠。

定期更新顾客档案数据库

门店的经营在不断地调整，而门店顾客也在不断地变化，因此顾客档案的资料也必须及时地更新，比如：顾客的联系方式以及顾客的邮寄地址。如果顾客档案中的资料都是过时的，客服则无法与顾客取得联系，也就无法及时通知顾客门店的活动了，从而影响门店的销售业绩。

那么，门店要如何更新顾客档案数据库呢？门店需要做好以下几个方面的工作：

（1）**对于联系不到的顾客，门店不要轻易放弃**。门店会遇到忽然改变联系方式的顾客，对于这些一时无法联系到的顾客，门店不要立刻就放弃，应该把该顾客的档案保存一段时间。也许过一段时间又能够联系上了，因此门店要有足够的耐心。

（2）**对于新顾客，门店要积极为其建立档案**。更新的顾客档案数据库有许多是新顾客的，门店必须要为每一个新顾客建立专属档案，而这些新档案也必须及时地输入到顾客数据库中，以方便今后的工作。

门店在定期更新顾客数据库的时候，一定要注意随时补充新顾客的档案，新顾客的档案要尽量详细，如新顾客在门店购买了哪种商品以及新顾客的购物需求。这样一来，顾客档案数据库的信息就更加充实。

（3）**顾客档案数据库需要动态管理**。门店除了定期更新顾客档案数据库之外，每一天还要对顾客档案进行动态管理，因为顾客每一天都会产生变化，所以顾客档案也应该跟上这种变化。

顾客档案数据库不能够只在规定的时间里进行更新，应该每天都整理好顾客档案，这样在更新数据库的时候，才能够做到快速而高效。

门店的任何管理都需要形成制度，因此顾客档案数据库的管理也不例外。只有形成了制度之后，数据库的管理才能够更加系统化，才能够为门店的发展提供更有效的资源。

Chapter 7

门店日常管理：

目的明确，工作细化

有些门店的日常管理非常混乱，既没有明确目标，也没细化工作。因此，有些门店会出现越管越乱的现象。

要想管理好门店，就必须要从每一天的日常管理做起，不仅要管理好每一个细节，而且还要进行 360° 无死角的工作检查，只有这样，你的门店才能赚越来越多的钱。

1. 现场管理：不放过任何一个细节

开店与打烊的准备工作

门店的日常工作是从开店开始，到打烊结束，无论是开店还是打烊，门店都需要做好充分的准备工作。

开店就是一天的开始，打烊则代表一天营业的结束，一头一尾最容易出现问题，因此更加需要做好准备工作。

（1）开店前的准备工作。

①检查导购的着装和化妆情况。导购在换好工服之后，管理者需要检查导购的着装以及女员工的化妆情况。着装要统一，要整齐干净，化妆则要淡雅，不宜太过艳丽。

②清扫店内、外的卫生。全体员工要对店内、外的环境进行打扫，不

仅要扫地、拖地，也要擦玻璃和货架，务必保证门店内、外干净、整洁。

③清点、检查店面商品情况。导购必须在开店前清点店面商品的数量，还要检查商品是否有破损的情况，如果商品破损，必须要立刻更换，并且要记录在案。

④做好工作前的目标确认。管理者要进行工作前的动员，确认当天工作的目标，确保每一个员工都清楚今天自己要做什么工作，要完成什么工作，把全体员工的状态调整到最好，然后迎接顾客的光临。

（2）打烊前的准备工作。

①清点店面的商品。打烊前十五分钟，导购开始清点店面商品，并且要与今天的收银员一一对照，确认无误之后，负责清点商品的导购和收银员必须要同时签字。

②进行店面商品的补货。为第二天的工作作准备，导购应该对店面的商品进行补货，同时更换有缺损的商品，同样，这两项工作也需要导购签字确认。补货之后，还要整理好今天的顾客资料，以便录入到数据库中。

③清扫店内、外的卫生。打烊前五分钟，如果此时店内没有顾客，导购就应该开始打扫店内以及店外的卫生。如果此时店内有顾客，导购就应该先打扫店外的卫生，然后留下一名导购为顾客服务。

④指定导购进行库房清点。门店打烊之后，管理者应该每天都指定一名导购，与管理者一起清点库房里的商品，并且做好详细的记录。所有的打烊工作都做好之后，必须要在关灯前检查门店内所有的开关是否关闭，所有的门窗是否锁上，检查无误之后，再关灯锁上门店大门。

总而言之，门店的开店和打烊都是非常琐碎的工作，因此门店员工更需要认真负责地完成各项准备工作。实际上，一切的准备工作都是为了更好地为顾客服务，也是为了门店能够更好地经营。

同时，门店在日常工作管理中一定要做好防火防盗的工作，定期检查消防通道和消防设备，及时更换过期的消防设备，这样才能够保证门店在安全的情况下，赢得更多的顾客和利润。只有开店和打烊的准备工作做到位，门店的日常经营才能够顺利。

商品陈列的更新和调整

商品的陈列原则就是最大程度地吸引顾客的注意力。如果一家门店的商品陈列总是一成不变的话，那么顾客在失去新鲜感的同时，也会对门店失去兴趣，所以门店的商品陈列需要及时更新，准确地调整，以此来保持门店对顾客的吸引力。

那么，门店商品的陈列要如何进行更新和调整呢？

（1）根据门店的促销活动进行更新和调整。商品的陈列应该配合门店的促销活动进行更新和调整，促销活动的主要商品一定是被陈列在最重要的地方，而配合促销的海报也必须摆放在最显眼的位置。

（2）根据商品的重要性进行更新和调整。门店在日常经营中，商品的陈列必须分清主次，本季的主打商品一定要陈列在顾客一眼就能够看到的位置。

不仅如此，重要商品的陈列也不能够一成不变，导购应多想一些陈列方式，使顾客每一次进入门店都有新鲜感。

（3）根据季节的不同进行更新和调整。随着季节的变化，顾客对商品的陈列会有不同的要求，尤其是对于那些商品季节性很强的门店。商品陈列的整体颜色、造型、主次都要随着季节而变化。

如果商品的陈列不随着季节变化，顾客就会对门店产生质疑，“是不是门店要倒闭了？”或者“这家门店怎么还在过冬天啊？”

（4）**根据目标顾客的需求进行更新和调整**。门店的主要利润来源于目标顾客群，因此他们的需求就是门店的头等大事，而商品的陈列更是要时刻都跟上目标顾客的脚步。

（5）**根据门店的形象进行更新和调整**。门店的整体形象一般不会变化，但是门店的局部形象还是要灵活多变的，因此门店商品的陈列也要随着门店局部形象的变化来进行更新和调整。

广告、宣传的效益评估和调整

广告、宣传能够实现门店商品价值的最大化，因此门店对各种广告、宣传都必须进行定期的效益评估，并且在评估之后作出适度的调整。

门店的经营不能够闭门造车，必须要走进市场，适应市场，从而在市场中赢得更多的发展机遇，获得更多的利润。因此门店对宣传手段的运用，必须准确而合理，也必须使宣传的产出大于投入。

（1）**广告的效益评估和调整**。门店评估所投入的广告所带来的效益时，应该结合市场大环境来评估，如果广告所产生的效益与投入无法成正比例，门店就必须要考虑调整广告的方向和方式了。

但是如果广告为门店所带来的效益，远远超出了广告的投入，门店就应该评估下一个阶段的广告效益，看是否能够保持或者有所增加。因此，广告的效益评估需要多角度综合考虑，而调整广告也需要制订完整的计划。

（2）**宣传的效益评估和调整**。门店对于宣传效益的评估需要用日常获取的利润为基础，如果宣传的效益无法与日常获取的利润成正比例，门店就必须要调整宣传的形式和方法。

从门店日常经营角度来看，宣传是否能够带来效益，不仅关系到门店日常的成交量，而且也会对门店的发展产生很大的影响。因此面对不合格的宣传，门店一定要及时进行调整。

总之，门店的一切宣传手段，都是为了提高门店的知名度，并且为门店创造出更多的利润。因此对于各种宣传手段的效益评估，必须要与此种宣传手段的投入相结合。

门店对于宣传手段的调整需要慎重，如果一种宣传手段没有带来理想的效益，门店不要急着换掉，而需要查找到真正的原因，之后再考虑是否要换一种宣传手段。当然，当一种宣传手段带来比预期高很多的效益时，门店也必须要找到原因，然后再决定是否继续使用，或者进行调整。

盘货、存货的管控和调整

盘货和存货的管理和控制都是门店的日常工作，门店不仅要对商品的数量、质量了如指掌，而且也要对商品的种类、型号进行详细的记录。门店都有那些商品，是否要对商品的结构进行调整，这些都需要参考盘货、存货的情况。

（1）盘货的管理、控制和调整。

①盘货的管理。所谓盘货就是门店清点和检查实存货物。盘货的时候不仅要清点商品的数量，也要检查商品的质量，并且将有残损的商品记录在册，然后进行返货或者自行消化。盘货的过程中进货的数量和金额、出货的数量和金额都必须要记录清楚，然后由负责人和另一名在场员工签字确认。

②盘货的控制。之所以要盘货，是因为门店需要对商品有具体而清晰的了解。通过盘货，门店才能够对店内的商品数量、质量、价格等进行有效的控制，哪些商品需要下架，哪些商品需要补货，这些决定都需要盘货的原始记录提供依据。

③盘货的调整。盘货的数据能够让管理者清楚门店现有的商品结构。如果门店现有的商品结构不合理，管理者就必须制订出一套调整商品结构的计划，并认真执行。

（2）存货的管理、控制和调整。

①存货的管理。门店之所以会存货，是因为要满足门店的日常销售。存货是每一家门店必须做好的工作，对于存货的管理，门店也一定会有很多的方法。一般从存货的现状就能够看到门店具备的实力。

②存货的控制。存货的数量和结构都必须符合门店日常销售的要求，同时存货也必须要满足顾客的购物需求。门店的存货体现了门店的供货水平，因此对存货的控制就是对门店商品结构的控制。有些门店认为商品结构不用控制，只要能够满足顾客需求就可以。这样的想法是不对的，会导致门店存货不仅无法满足顾客需求，还会让存货制约了门店的销售水平。

③存货的调整。存货调整不仅是数量、质量、品种的调整，而且也是门店销售方向和商品结构的调整，因此门店管理者需要制订完善可行的存货调整计划，确定之后，再对存货进行调整。

总之，盘货、存货对于门店来说都是非常重要的，必须要保持商品数量、结构的合理性，在满足门店日常销售的基础上，也能够满足部分顾客的临时需求。只有这样，门店对盘货、存货的管控和调整才是成功的。

各类能源消耗的管控和节约

门店的各项设施只要使用一天，就会产生一天的消耗。如果门店对各类能源的使用，不加以管控和节约，那么门店开销就会非常大，从而影响门店的利润。

实际上，任何门店都是有消耗的，但是有些能源消耗是可以避免的。以下几点可供参考：

（1）**评估各类能源消耗的最大值和最小值**。门店对日常的能源消耗要有系统的管控，要根据门店的实际情况评估门店每一天所消耗能源的最大值和最小值，然后计算出门店日常消耗能源的平均值。经过一段时间的实践之后，门店就能够得出日常消耗能源的合理值。

门店管理者必须要把这个合理值保持好，上下浮动不能够超过2%，如果超过能源消耗合理值，门店管理者就必须要找到其中的原因，然后想出解决的办法。

（2）**各类能源消耗值不能够一概而论**。门店管理者需要清楚，能源消耗的合理值是建立在门店正常营业的基础上的，如果门店今天有促销活动，或者有大型的宣传活动，能源消耗超过合理值是可以理解的。

因此，对各种能源的消耗管控和节约，门店管理者不可一概而论。但是无论门店的经营处于哪种状态之中，门店管理者都必须对各类能源的消耗值了如指掌。只有这样，才能够有效地降低门店的经营成本，提高利润空间。

（3）**鼓励员工提出节约能源的合理化建议**。门店管理者一定要跟员工搞好关系，因为只有工作在第一线的员工，才真正知道哪些能源能够节约，各类能源都可以什么方式节约。

因此门店管理者应该不耻下问，并对提出节约能源合理化建议的员工进行公开奖励，从而使门店员工都积极地节约能源。

（4）**能源消耗过大时找出原因和解决办法**。有些门店会遇到这样的情况，门店即使没有任何活动，在某一个时间段内，各类能源的消耗也会突然增大，针对这种情况，门店管理者一定要找到原因。

实际上，门店各类能源消耗忽然增大的原因很多，有些时候是人为的，但是有很多时候不是人为的，查清楚原因不仅能够为门店节约能源，也是在为门店排除安全隐患。不过，只查明原因是远远不够的，管理者还必须要想出解决的办法。

总之，门店一定要节约该节约的能源，这样才能控制好门店的成本，保证利润。

商品损耗的管控和调整

在门店日常的营业中，商品的损耗是不能够避免的，但是门店应该保持合理的损耗率，商品损耗率不合理不仅会影响门店所获取的利润，而且也会为门店今后的发展带来很多障碍。因此，门店对商品损耗的管控和调整也是日常管理非常重要的工作。

当然，要求门店做到商品零损耗是不现实的，但是商品的损耗是可以通过管控维持在一定的合理值范围内的，这就需要门店及时发现问题，然后针对问题进行及时调整。

（1）**无形的商品损耗，需要门店制度的制约**。门店商品的无形损耗包括：营运过程中的损耗，采购员拿回扣，收银员监守自盗，顾客的偷盗，等等。对于这些无形的商品损耗，门店必须用严格的制度进行制约。因此，制度要完善，而且监督要到位，这样才能够减少无形的商品损耗，才能让门店员工的所有行为以及销售的整个过程都处于门店严格的制度制约之下。

（2）**有形的商品损耗，需要门店的日常维护**。有形的商品损耗包括：商品的质量问题、丢失、破损、过期等。门店对于商品有形损耗的对策，就是要加强门店的日常维护。这就要求门店员工在日常工作中，有责任并且有义务维护门店的所有商品，尽量减少商品人为的丢失、破损等问题。对商品有形损耗的有效维护，正是门店降低经营成本的最好方案。

（3）**善用奖惩制度来减少商品损耗**。门店必须对商品损耗的合理值做非常明确的规定，如果商品损耗超过合理值，那么一定要惩罚相关的责任人。反之，如果商品的日常损耗能保持在合理的范围内，甚至远远低于合理值，那么一定要奖励相关工作人员。

（4）**加强内部管理，规范员工的工作流程**。门店对商品损耗管控的主要途径就是加强内部的管理，规范门店员工的日常工作流程，使每一个门店员工都能够自觉、负责任地控制商品的日常损耗。而且规范的工作流程本身，就是能够减少商品日常损耗的好方法。

（5）**从供应商抓起，严格商品进货合同和程序**。对于门店的供应商，门店必须严格地掌握，不仅要规范进货合同，还要杜绝拿回扣的现象发生。因此，在进货的整个程序中，都必须有完整的监督机制，使一些无形的商品损耗可以被扼杀在萌芽状态。

（6）**提高门店内部的监控水平，防止不必要的损耗**。虽然说“上门都是客”，但是顾客与顾客还是不同的，对于那些不消费就偷拿门店商品的顾客，门店要本着严格监控、绝不放过的原则。因此门店必须提高店内的监控水平，这样才能够真正防止因顾客偷盗所造成的不必要的商品损耗。

导购的服务态度和销售技巧管理

门店的经营策略再好，也必须要导购来完成所有的销售意图，因此门店对导购人员的管理必须是完善而到位的，否则门店的一切经营理念都会成为空中楼阁。而对于导购来说，一流的服务态度和有效的销售技巧才能成功地促成顾客与门店的交易

（1）门店对于导购服务态度的管理。

①导购上岗前，服务态度要反复训练。导购在日常工作开始之前，除了要检查着装和仪表之外，最重要的是要反复练习微笑服务。服务态度的好坏直接影响顾客对导购的第一印象，因此导购必须要用最好的态度迎接新一天的工作。

②导购工作中，服务态度必须保持始终。导购的工作是很辛苦的，要想一整天都保持最佳的服务态度有些困难。不过只要导购把门店的利益放在第一位，并且能够从心里尊重每一位顾客，那么始终保持良好的工作态度就比较容易了。

③导购工作结束后，服务态度需要总结。每一天工作结束之后，对于导购一天的服务态度，门店管理者需要系统地总结，一方面要鼓励服务态度好的导购，另一方面也要指出导购在服务中的不足之处。

④门店需要让导购的服务态度标准化。实际上，门店为了更好地经营，实现销售目标，必须将导购的服务态度职业化、标准化，这样做就能够让导购的服务态度有一个衡量的标准，也让导购知道应该怎么做。

（2）门店对于导购销售技巧的管理。

①定期对导购的销售技巧进行培训。门店要定期对导购的销售技巧进

行系统培训，培训的目的就是为了让导购熟知销售知识，多了解顾客的购物心理，多注意在销售过程中可能会遇到的问题。

②导购销售技巧的实用性。门店导购的销售技巧必须具有很强的实用性，因此导购不仅要熟知销售知识，而且要懂得将理论和实践联系在一起。要想达到这个目的，门店就必须要承担管理和培训的责任。

③导购之间互相交流销售技巧。门店应该多给导购创造互相交流的机会，因为导购都工作在第一线，他们的销售技巧都来自于实践工作中，因此导购之间互相交流销售技巧，不仅能够更快地提高门店导购的整体销售水平，也能够让导购之间更加团结。

④更新导购的销售技巧。导购的有些销售技巧虽然有效，但是不能够长期使用，所以门店有责任随时更新导购的销售技巧。同时，门店管理者应该时刻关注导购在门店内的销售情况，以便能够有针对性地更新导购的销售技巧。

总之，门店管理者对于导购的日常工作需要给予一定的监督和指导，随时让导购感觉到门店对他们的关心。

2. 检查工作：360° 无死角

员工出勤情况检查

对员工出勤情况的检查，一定要成为门店管理者每一天的第一件工作。对员工出勤的情况，管理者必须要掌握，这样才能够更好地安排员工一天的工作。实际上，对员工出勤情况的检查，不仅是为了掌握员工到岗的情况，也是为了能够更好地为员工安排工作任务。

因此，门店管理者需要做好以下几个方面的工作：

（1）**制定完善的出勤管理制度**。完善的出勤管理制度才能够保证员工的高出勤率。门店的出勤管理制度一方面要详细列出员工日常的工作时间，比如：上下班时间、午休时间、休息的天数和时间等；另一方面也要列出员工的年假、产假、病假、事假等的出勤方案。

总之，门店的出勤管理制度需要包含员工所有的出勤方法以及各种节假日的出勤方法，使员工能够有据可依，从而自觉地遵守出勤管理制度。

（2）**严格执行考勤管理制度**。既然门店有完善的出勤制度，那么就必须要严格执行，因此门店的考勤管理制度，也必须是没有漏洞的。

出勤制度是告诉员工什么时候上下班，什么时候可以休息，而考勤制度就是为了让员工更好地执行出勤制度。如果门店的考勤制度不严谨，那么出勤制度也会随之变成一纸空文。

（3）**出勤情况与奖罚制度挂钩**。将出勤情况与奖罚制度挂钩能够有效提高员工的出勤率。比如：全勤员工会有一定的现金奖励，迟到的员工则会有一定的现金罚款，而且出勤的情况直接影响到年底的双薪。

越是明确而严格的奖罚制度，越能够提高门店员工的出勤率。要会让门店员工相信，只要他们能够按时出勤，就会得到应该得到的奖励，反之，就会受到处罚。总之，奖罚分明，才能够让员工心服口服。

员工仪容仪表检查

通常情况下，门店管理者在开店之前都要进行当天的工作安排，做好工作前的动员和鼓励工作。在此期间，管理者还有一项非常重要的工作要完成，这就是检查员工的仪容仪表。

因为大多数的时候，我们第一眼看见的就是一个人的仪容仪表。所以门店员工的仪容仪表是决定顾客在门店内停留时间的第一要素。那么，门店管理者都需要检查哪些仪容仪表呢？

（1）**员工脸部的修饰和效果**。员工的脸部修饰包括皮肤的清洁程度、眉毛的修饰、眼睛的修饰以及唇部的修饰。脸部的修饰要整洁美观，体现出员工本人的脸部优点；不要化浓妆上岗，化妆品不要用太鲜艳或者特别的颜色。

员工的脸部皮肤必须是干净的，唇部不要有死皮，同时脸部的妆容要自然、无分泌物、无汗渍、无灰尘。总之，员工脸部的修饰要让顾客看着舒服。

（2）**员工肢体的修饰和效果**。员工的肢体主要是手和手臂、脚和腿部。在日常的销售工作中，员工在与顾客交流的时候，会用到肢体语言，因此员工的肢体必须要经过修饰。

员工的手和手臂的修饰必须无泥污、无污渍，重要的是不能够有烟渍。有些女员工喜欢修指甲，那么指甲的颜色和图案不要过于复杂和诡异，一定要给顾客留下亲切整洁的好印象。对于脚和腿部的修饰，员工要记住四个不：不光腿、不光脚、不露脚趾、不露脚后跟。

（3）**员工头发的修饰和效果**。员工的头发不要染鲜艳的颜色，不要理奇怪的发型，头发要保持洁净、整齐，同时发型要长短适中，不能留过于时尚的发型。

如果员工的发型不符合规定，那么门店绝对不能够让这样的员工上岗。因为过于新潮的发型以及邋遢的头发会留给顾客留下很糟糕的印象，甚至会让顾客做出离开门店的决定。

（4）**员工整体的修饰和效果**。员工的仪容仪表需要做到八字方针：整齐、干净、自然、美观。对于员工仪容仪表中不恰当的修饰，门店管理者必须要及时发现并纠正，因为员工的形象就是门店的形象。

总之，员工的仪容仪表越专业，就越能体现出门店的专业和规范。顾客能够从这样的店中得到一个结论：这家门店很靠谱。

店内卫生检查

有些门店管理者认为，门店内部的卫生只要表面上看起来干净就可以了，不用太过较真。这样的想法是错误的：第一，门店内部任何角落都必须要保持干净，否则会让门店员工产生消极怠工的心理；第二，门店内部的卫生必须较真，因为只有卫生的内部环境，才会给顾客留下好印象。

因此对门店内部卫生的检查，是门店管理者每一天必须要做好的工作之一。那么，门店管理者都需要检查哪些店内卫生呢？

（1）**店内地面的卫生检查**。店内的地面必须用扫把打扫过后，再用湿拖把拖一遍。有些员工为了省事，直接用拖把拖地，这样是打扫不干净的。

管理者在检查地面卫生的时候，要关注边角旮旯的卫生，同时也要看一看隔夜的垃圾有没有及时清理。

（2）**店内墙面的卫生检查**。有些人或者会问“墙面还需要搞卫生啊”？对，墙面也需要保持清洁、干净，不仅是墙面所悬挂的饰物、商品要保证干净，而且墙面本身也要保持清洁。

门店管理者在检查墙面卫生的时候，也需要关注一下店内棚顶的卫生情况，看一看有没有蜘蛛网或者灰尘需要清理，防止墙面或者棚顶的灰尘落到顾客的身上。

（3）**店内灯具的卫生检查**。门店内部一定会有一些灯具，这些灯具一般有两种功能：一种是照明的功能，一种是装饰的功能。无论是哪一种功能的灯具，都需要保持清洁、干净。

灯具的打扫是一项非常细致的工作，如果员工抱着“擦一擦就可以了”的心态，那么日积月累灯具上就会堆满灰尘，从而对灯具造成一定程度的损坏。因此门店管理者不要轻视对店内灯具卫生的检查。

（4）**店内货架的卫生检查**。试想一下，如果你是顾客，你走进一家门店，看好了一件商品，但是看到货架上堆满了灰尘，你还会有继续购买的意愿吗？这种情况下，大多数顾客都会决定放弃购买商品。

由此可见，商品货架的卫生是多么重要，甚至可以决定顾客是否与门店进行商品交易。因此门店管理者对店内货架的卫生检查，也必须要严格、认真。

（5）**店内商品的卫生检查**。商品陈列在门店里，就是为了让顾客能够愿意选购，但是满是灰尘的商品，绝对不可能受到顾客的青睐，因此对商品的卫生检查，也必须细致、负责。

门店管理者在检查商品卫生的时候，需要注意一种情况：有些商品表面看起来很干净，但是当顾客拿起来的时候，就能沾上一手的灰尘。因此，门店管理者必须严格要求员工仔细清理商品，让商品一尘不染。

商品陈列检查

门店商品的陈列是非常重要的，如果商品的陈列无法适应顾客的购买习惯，顾客很可能会放弃在门店内选购商品。相反，如果商品陈列符合顾客的购物习惯，顾客就有可能会与门店进行交易。

因此，门店管理者对于商品陈列的检查，需要从以下几个方面入手：

（1）**商品的陈列是否便于顾客选购**。门店需要将同类型、不同花色、不同质量、不同价位的商品陈列在一起，这样陈列才便于顾客进行选购，同时同类型的商品尽量要垂直陈列，这样顾客才能够一目了然，选购起来也容易。门店管理者在检查商品陈列的时候，一定要遵循以上的原则。

（2）**商品的陈列是否符合门店的主题**。门店每一季都会有主题营销，那么商品的陈列一定要符合门店的主题。简单地说，如果顾客是看见门店广告或者海报进入门店的，门店就必须要让顾客一眼就看见广告和海报上的本季主题商品。

（3）**主打商品的陈列是否显而易见**。如果门店管理者需要知道主打商品的陈列是否显而易见，那么你不妨做一回顾客。当你走进门店的时候，你希望自己看到什么，而实际上你看到的是什么。这样，管理者就知道要如何调整主打商品的陈列了。

（4）**商品的陈列是否丰富多彩**。商品的陈列需要丰富多彩，门店需要将不同款式、花色、规格的商品都展示出来，这样不仅能够扩大顾客对商品的选购面，而且也能够让顾客明白门店的商品是多种多样的，还能够满足顾客购物的需求。从而让顾客安心地在门店进行选购。因此门店管理者需要检查商品陈列的数量以及品种是否丰富。

（5）**商品的陈列是否便于导购销售**。商品陈列需要为导购的销售工作提供便利条件，以此来提高导购的销售效率，减少导购的劳动强度。陈列商品在方便导购销售的同时，也应该为顾客提供一定的便利。因此，商品陈列不要过于紧凑，需要有一些间隔，这样才能够让导购通过目光来测定，顾客究竟在对哪一个商品发生兴趣，进而有针对性地进行销售。

总而言之，门店管理者对于商品陈列的检查，主要遵循的原则就是：为顾客选购商品提供最方便的商品陈列。

商品价格检查

通常情况下，顾客如果对某一件商品产生购买意愿，那么顾客会首先关注商品的价格，因此门店必须要将价格明确地标注在商品的价格标签上。同时，商品上的价格标签不能涂改、要清晰。

门店管理者在检查商品价格的时候，需要做好以下工作：

（1）**商品上的价格一定要标注清楚**。门店所有商品上的价格标签要清楚、易懂，让顾客一目了然。同时，门店员工也需要熟知主要商品的价格，在顾客询问的时候，如果员工可以第一时间说出商品的价格，那么如此专业的表现，就能够赢得顾客的好印象。门店管理者在检查商品价格的时候，一定要格外关注价格标签。

（2）**打折商品的价格必须要更换**。如果门店内有部分商品正在打折，这些打折的商品应该要统一更换价格标签，不要在原本的价格标签上进行涂改。如果价格标签被涂改，顾客就会认为打折商品是残次品，或者门店在欺瞒顾客。因此，门店管理者对于打折商品，最好每一天都检查一遍价格标签。

（3）**给部分商品补齐价格标签**。在门店的日常经营过程中，商品的价格标签一定会有脱落或者损坏的情况，因此门店管理者在检查商品价格的时候，也一定要检查商品价格标签是否完整、干净、准确。

如果门店商品价格标签出现丢失、不完整、不清楚的情况，应该及时更新、补齐，这是管理者和员工每一天都必须要做的工作。

（4）**商品上的价格是否准确无误**。商品上的价格有些时候会出现错误，这基本上是由两种原因造成的，一种原因是出货时出现了问题，将商品的批次和价格弄错了；另一种原因是在销售的过程中，被顾客无意间拿错了或者放错了。因此门店管理者在检查价格的时候，必须要及时纠正商品价格上的错误，防止门店利益因此而受到损害。

（5）**了解滞销商品是否与价格有关**。对于门店内滞销的商品，门店管理者需要进行调查：商品的滞销是否与商品的价格有关系？如果商品滞销的原因不是价格问题，管理者则需要多加调查和研究。如果商品滞销与价格有关系，管理者就必须要调整商品的价格，至于价格调整的幅度，管理者需要做详细的市场调查。

（6）**门店商品价格是否符合区域商圈的标准**。门店商品的价格在区域商圈中，不能够过高或者过低，必须要符合区域商圈的标准。因此门店管理者对于商品价格的检查工作，也包括对区域商圈同类型商品价格的了解和掌握。

店内设施检查

门店内部会有很多的设施，这些设施是否能够正常的工作，直接关系到门店是否能够正常营业，因此门店管理者每一天的检查工作，也包括对门店内部各种设施的检查。对门店各种设施的检查需要一定的专业技能，门店管理者应该指定懂得专业技能的员工，与自己一同检查，或者管理者自己学会这些专业技能。

那么，门店管理者每一天都需要检查哪些设施呢？主要的店内设施包括：

（1）**对防盗设施的检查**。门店内部的防盗设施包括防盗门、防盗锁、防盗报警装置等。对于这些防盗设施，门店管理者应该严格地按照程序进行检查，以此来保证门店的防盗设施能够起到防盗的作用。只有这样，门店对于防盗设施的投入，才能够真正产生效用。同时，门店也要配合有关部门，完成防盗的各项工作。

（2）**对防火设施的检查**。门店对防火设施的检查分两种：第一种是每天都要检查，这些检查比较简单，看一看防火通道是否畅通，防火设备是否在使用期限内；第二种是定期检查并且培训，在定期检查中，门店管理者需要和全体员工一起，将门店内的所有防火要点检查一遍，确保安全之后，管理者还要对员工进行防火培训，同时配合有关部门，对门店员工进行防火意识的宣传。

（3）**对收银设施的检查**。现在，大部分门店使用的都是电脑收银，因此对于电脑设施的检查，也是门店管理者每天都必须要完成的检查项目。虽然负责收银的员工每天也必须对设施进行检查、维护，但是管理者的检查还是必不可少的。如果收银设施出现了问题，一方面会直接影响门店的正常营业，另一方面也会为某些员工的不法行为提供方便。因此，管理者必须认真、负责地检查收银设施。

（4）**对照明设施的检查**。门店的照明设施不仅起到照明的作用，还有美化商品的作用。因此管理者对门店照明设施的检查，就变得非常重要。简单地说，如果商品区的灯泡坏掉一个，那么此处的商品就无法完美地展现在顾客面前，从而直接影响到商品的销售。所以，管理者在检查照明设施的同时，也要及时地更换受损的照明设施。

（5）**对库房设施的检查**。对于有库房的门店，库房内部的设施也是必须每天检查的。如果库房的设施出现问题，很可能会使库存商品受到损害，不仅会影响门店的正常销售，也会给门店带来非常大的经济损失。因此对库房设施的检查，管理者和员工都必须要仔细、认真、负责，只有确保库存商品的安全，才能够进一步保证门店获得更多的利润。

当日票据检查

票据是门店账目中非常重要的一项，因此对票据的检查必须每天进行。管理者要做到当日的票据，当日结算，绝对不能够推迟到第二天。在门店正常营业的时候，管理者对票据的检查也不能够中断，要做到对每一笔交易都清楚明了。

门店当日的票据检查要分为管理者随时检查和门店员工的集体自查。

（1）**管理者随时检查**。

①每一笔交易，管理者都必须检查票据。虽然管理者需要做很多工作，但是管理者必须要做到对每一步交易的票据都清楚明了，确定无误之后，才能够进行其他的工作。并不是说管理者必须立刻检查票据，而是说管理者检查票据的工作不能够中断。

②门店自留票据要完整、清楚。门店自留部分的票据要完整清楚，绝对不能出现模糊、缺损的情况，而且票据中的重要项目，管理者都必须一一核查，在确认无误之后签字、存档。

③票据存入档案要及时。票据在核对无误之后，管理者需要签字确认，经过确认的票据必须要立刻存入档案，不要随意摆放。如果管理者有事需要外出，或者正在做其他工作，管理者必须指定信任的员工将票据及时存入档案。

（2）**员工的集体自查**。

①收银员对票据的检查。收银员必须对票据的完整、清楚、无误负责任，因为收银员是票据的第一个把关人。如果收银员不能够进行有效的票据检查，很有可能会造成票据的丢失、不完整，最终使门店遭受不

必要的损失。

②导购对票据的检查。导购对自己促成的交易，必须要跟随到底，不仅要检查票据，而且更要向顾客说明保存好票据的重要性。这样做是为了导购的自身利益，也是为了顾客的利益，更是为了门店的利益。

③领班对票据的检查。门店店面的领班也有对票据负有检查的责任。有些时候，由于店面的顾客较多，导购无法跟随交易全程，这个时候领班就必须要负起检查票据的责任。

总之，检查工作虽然是门店管理者的工作，但是要想做好检查工作，只靠管理者一个人是远远不够的。聪明的管理者从来都不会单枪匹马地工作，而是会最大限度地调动门店全体员工的积极性，使他们时刻都懂得如何自我检查，懂得如何工作才是对自己、对门店负责任。

简而言之，门店的管理者与员工的职责虽各有不同，但是其共同的目标就是使门店的利益达到最大化，因此门店管理者必须要与全体员工一起积极工作，才能够更好地发展门店，使门店成为区域商圈中最赚钱的门店。